Notker Wolf

Schluss mit der Angst –
Wir können mehr als wir glauben!

Notker Wolf

mit Simon Biallowons

Schluss mit der Angst – Wir können mehr als wir glauben!

HERDER

FREIBURG · BASEL · WIEN

MIX
Papier aus verantwortungsvollen Quellen
FSC® C083411

Aktualisierte Neuausgabe

www.herder.de

Satz: de·te·pe, Aalen
Herstellung: CPI books GmbH, Leck

Printed in Germany

ISBN Print 978-3-451-03151-9
ISBN E-Book 978-3-451-81430-3

Inhalt

Vorwort

Sechzehn Jahre lang habe ich nicht mehr in meiner Heimat gelebt. Ich war immer wieder für verschiedene Termine in Deutschland gewesen. Aber ich habe hier eben nicht mehr gewohnt, und es ist etwas ganz anderes, ob man in einem Land oder einer Stadt lebt oder als Besucher kommt, selbst wenn man eigentlich von dort stammt. Mir war es nie egal, was in Deutschland passiert. Ich habe immer alle gesellschaftlichen Entwicklungen verfolgt. Mehr als ein Jahr bin ich jetzt zurück. Schon von Beginn an hat mich die neue deutsche Ängstlichkeit überrascht, auch etwas erschüttert. Ich habe die Wahlen miterlebt, bei denen die AfD die deutsche Politik vor sich hergetrieben, paralysiert und zahlreiche Anhänger gewonnen hat. Und ich erlebe in meiner bayerischen Heimat jetzt wieder einen Wahlkampf, der auf dieses um sich greifende Gefühl abzielt, sogar darauf aufbaut. Für mich war und ist es immer ein Herzensanliegen, anderen Menschen Mut zu machen. Weil ich weiß, wie wichtig das ist und wie oft mir andere Menschen Mut gemacht haben. Und ich denke, Mutmacher haben wir gerade nötig. Bitter nötig.

»Vor allem ein Gefühl bestimmt derzeit die Stimmung in Deutschland, aber auch in allen anderen Nationen: die Angst. Sie wirkt in allen gesellschaftlichen Bereichen, bestimmt Politik und Wirtschaft, aber auch das Privatleben jedes Einzelnen. Das Gefühl kennt keine sozialen Grenzen; es eint Menschen, die sonst nicht viel gemein haben. Es ist häufig das Einzige, worüber sie miteinander reden können.« So klar analysiert der Soziologieprofessor Heinz Bude die derzeitige Lage in unserem Land. Wie recht er damit hat, das haben wir gerade in den letzten Monaten und Wochen erfahren. Deutschland ist zutiefst verunsichert und hat Angst, sei es vor einer neuen Wirtschaftskrise, den nächsten politischen Eruptionen, kriegerischen Eskalationen oder so furchtbaren Anschlägen wie zuletzt in Istanbul, Jerusalem oder Berlin. Das geht übrigens nicht nur uns Deutschen so, sondern auch unseren Nachbarn. Es ist bezeichnend, dass in Österreich bei der Wahl zum Wissenschaftsbuch 2017 in der Kategorie Geistes-, Sozial- und Kulturwissenschaften ein Buch der österreichischen Professorin Ruth Wodak gewann, der Titel: »Politik mit der Angst. Zur Wirkung rechtspopulistischer Diskurse«.

Woher kommt das? In der gegenwärtigen Lage könnte man ganz einfach den Schluss ziehen: Wenn es dem Menschen zu gut geht, wird er träge und nachlässig, er hält alles für selbstverständlich, er denkt, alles komme von ganz allein. Doch stimmt das wirklich? Es gibt viele in unserem Land, denen es alles andere als gut geht. Daher glaube ich, die Ursache liegt tiefer: Ein allgemeines Relativieren hat sich wie Mehltau über unser Land gelegt, und nicht nur über unseres. Religion im öffentlichen Leben ist tabuisiert worden. Warum eigentlich? Warum muss das Kreuz aus den öffentlichen Räumen verbannt werden, nur weil es einige Menschen gibt, die gegenüber der Religion, den Gläubigen oder Andersgläubigen keine Toleranz aufbringen? Toleranz galt als die große Errungenschaft der Aufklärung, in Wirklichkeit sind aufgeklärte Menschen intolerant geworden und bestimmen, was man in unserem Staate denken darf. Alles andere gilt als überholt und unmodern. Es besteht ein Unterschied zwischen der Toleranz gegenüber einer Meinung und der Toleranz gegenüber einem Menschen. Das ist ja der große Fehler der Aufklärung gewesen: Die Behauptung Lessings, die er in »Nathan der Weise« mit der Ringparabel aufstellt, im Grunde seien alle drei Religionen gleich, stimmt eben nicht. Die Muslime würden sich wehren, die Juden nicht minder, und sicher auch Gläubige anderer Religionen. Das ist nicht nur ihr gutes Recht, sondern vielleicht sogar ihre Pflicht als Gläubige. Toleranz bezieht sich nicht auf die theoretische Wahrheit, sondern auf den konkreten Pluralismus von Menschen mit unterschiedlichen Glaubensüberzeugungen. Dann dürfen Glaubensüberzeugungen auch im öffentlichen Leben bekundet werden, solange sie nicht die öffentliche Ordnung stören.

Wer in der Philosophie des Sokrates groß geworden ist, wird alles hinterfragen, auch die Aufklärung. Diese Philosophie, deren Zentrum das ständige Fragen und Hinterfragen bildet, bietet uns eine Methode, um in unserer Zeit Orientierung zu finden. Wenn wir aufhören, immer wieder nachzufragen, wundern wir uns nicht mehr über die gegenwärtigen Wahlausgänge und die neuen totalitären Bestrebungen. Viele in der Bevölkerung sind es leid, sich einem System unterordnen zu müssen. Sie wollen einmal anderes probieren, ob in der Stadt Rom, in England, in den USA oder Österreich und erst recht in den Staaten des ehemaligen Ostblocks.

Wozu Angst führen, wie sie benutzt werden kann, das sehen wir seit mehr als einem Jahr in den USA. Dort hat mit Donald Trump ein Scharfmacher gewonnen, der aus den Unsicherheiten, dem Gefühl der Ohnmacht, aus den Ressentiments seine einzige politische Daseinberechtigung gezogen hat, der allein durch Ab- und Ausgrenzung Amerika wieder »great« machen will. Die USA sind so gespalten wie nie und das Land bewegt sich unter Trump, der die Ängste bewusst schürt und sich als einziger Beschützer und Bewahrer des Landes geriert, so weit ins Abseits, wie lange nicht mehr oder vielleicht sogar noch nie. Viele Menschen passen nicht dazu: Mexikaner, Chinesen oder einfach nur Muslime.

Auch in Deutschland bringen immer mehr Menschen den Muslimen und dem Islam Vorbehalte und sogar Angst und Hass entgegen. Abgesehen davon, dass eine Generalisierung wie »der Islam« zu kurz greift, wie ja fast immer Generalisierungen, müssen die vielen Emotionen, die in diese Debatte einfließen, genau untersucht und beleuchtet werden. Das vielleicht entscheidende Problem besteht in der Frage, ob ein Muslim einen Andersgläubigen als ebenbürtig gelten lässt und anerkennt, auch wenn er einer anderen Weltanschauung folgt. Das scheint mir die eigentliche Herausforderung zu sein. Denn der Koran schreibt nicht nur einen bestimmten Glauben vor, sondern auch das zwischenmenschliche Verhalten in einer Gesellschaft. Der Nichtmuslim gilt als Ungläubiger und somit als Mensch zweiter Klasse. Zwar haben hohe Vertreter der Sunniten auf einer Konferenz in Grosny/Tschetschenien, die vom 25. bis 27. August 2016 stattfand, das Verhalten des sogenannten Islamischen Staats und ähnlicher Extremistengruppen als Übereifer und Fehlinterpretation deklariert, es fehlt aber eine klare Aussage hinsichtlich eines anerkennenden Verhältnisses zu andern Religionen, wie sie etwa in den Dokumenten des II. Vatikanischen Konzils »Nostra Aetate«, der Erklärung über das Verhältnis zu den andern Religionen, und in »Dignitatis humanae«, der Erklärung zur Religionsfreiheit, zu finden ist. Auch die Katholische Kirche hat lange gebraucht, bis sie sich zu diesen Erklärungen durchgerungen hat. Aber sie sind eine unabdingbare Voraussetzung für das Gelingen einer modernen, pluralen Gesellschaft.

Wir müssen diese Fragen unseren muslimischen Mitbürgern zumuten. Denn sie genießen unsere freiheitliche Demokratie und unsere Rechtsstaatlichkeit. Verglichen mit ihrem Status hierzulande genießen die Christen in arabischen Staaten lediglich eine eingeschränkte Religionsfreiheit. Das zeigt sich etwa bei der Frage der Konversion. Nur der Wechsel zum Islam ist erlaubt. Warum nicht auch umgekehrt? Immerhin haben die Christen in den Emiraten ein Existenz- und Kultrecht. Jordanien gilt als liberal. Im Nachbarland Saudi-Arabien haben die Christen nicht das geringste Recht. Erstaunlicherweise bemängeln wir bei der Volksrepublik China zurecht die eingeschränkte Religionsfreiheit, gegenüber Saudi-Arabien ist aber selten Kritik zu vernehmen. Hängt das mit unseren Waffenverkäufen zusammen, mit dem Öl? Die Fragen an die Muslime werden zu Fragen an uns selbst. Entscheidend ist: Diese Fragen können beantwortet werden, das Zusammenleben ist möglich. Manche werden mich jetzt als naiven Optimisten belächeln. Doch in Italien zum Beispiel haben jetzt erst islamische Verbände und Regierungen einen »nationalen Pakt für einen italienischen Islam« geschlossen. Freitagsgebete sind nun verpflichtend auf Italienisch, die Verbände garantieren zudem volle Transparenz bei der Frage, wer die Moscheen finanziert. Im Gegenzug will die Regierung den Bau von Moscheen erleichtern und die muslimischen Gemeinschaften unterstützen. Der italienische Innenminister Marco Minniti nannte den Pakt eine außergewöhnliche Investition in die Zukunft Italiens – eine solche Investition brauchen wir auch.

Aber auch sonst wird sich bei uns einiges ändern. Wir brauchen weiterhin die wohlwollende Neutralität des Staats gegenüber Religionen. Udo Di Fabio ist sicher zuzustimmen, wenn er betont, dass ein »Beharren auf kompromissloser Durchsetzung religiös begründeter Verhaltensgebote in öffentlichen Einrichtungen einen Rückschritt bedeute« (FAZ 22.12.16). Es wird allerdings zu neuen Diskussionen kommen, ob dadurch ein moderner Laizismus gerechtfertigt ist. Ich bin mir sicher: Unsere Gesellschaft wird die Religion erneut als öffentlichen Faktor wahrnehmen müssen, wobei der Gleichheitsgrundsatz unbedingt zu berücksichtigen ist. In der Vergangenheit kannte unsere Gesellschaft manche der aktuellen Probleme nicht, da sie wesentlich konformer geprägt war. Aber selbst damals gab es schon Unterschiede, wenn wir an die gemeinsame Verantwortlichkeit und das Zusammenwirken der kirchlichen und staatlichen Institutionen in Deutschland denken im Gegensatz zum radikalen Laizismus in Frankreich. Unsere Gesellschaft wird sich insofern ändern, als sie mit der Religion als Lebenswirklichkeit vieler Menschen wird rechnen müssen.

Wir dürfen noch weiterdenken, denn Integration kann nicht nur eine Einbahnstraße bedeuten. Sie wird sich auch auf unsere Gesellschaft auswirken. Manche politisch korrekten Axiome werden in Frage gestellt. Das betrifft unser Singletum, die Homoehen, unsere Werte von Familie und solidarischem Zusammenhalt und auch unsere Sexualethik. Wehe, wenn jemand eines unserer sogenannten Werte in Frage stellt. Er wird zugetwittert und zugefacebooked. Wo aber bleibt die wirkliche Meinungsfreiheit in unserer Gesellschaft? Dies und jenes scheint einfach die selbstverständliche Meinung in unserer Gesellschaft zu sein, und wehe, wenn einer daran kratzt. Dann wird selbst ein Papst Franziskus angegriffen, der wegen seiner Haltung zu Homosexuellen geschätzt wird – »Wer bin ich, dass ich über andere urteile?« –, der aber angegriffen wird wegen seiner Einstellung zur Homosexualität. In einer Reihe solcher Fragen wie Homoehen und Abtreibung arbeiten Vertreter der Katholischen Kirche übrigens mit den Muslimen in internationalen Institutionen gut zusammen.

Ohne irgendwelche Vorhersagen treffen zu wollen, bin ich der Auffassung, dass die Präsenz von Muslimen in unserer Gesellschaft einiges aufmischen wird, allem voran unsere Selbstverständlichkeiten. Und das wäre durchaus sokratisch im Sinne des ständigen Hinterfragens. Nur wünschte ich mir, dass sich auch die Muslime hinterfragen ließen. Dann würden wir zu einem Lebenskonsens kommen. Denn wenn die Muslime, wie seinerzeit Christian Wulff als Bundespräsident sagte, zu Deutschland gehören, dann müssen sie sich unseren Fragen stellen und wir uns den ihren. Allerdings gehört nicht der Islam zu Deutschland, wie auch Angela Merkel sagte, aber sehr wohl die Muslime. Meines Erachtens beruht unser Grundgesetz auf christlichen Werten – und nicht auf der Scharia.

Zugleich steht es außer Frage, dass viele Muslime die Engführungen, die es teilweise gibt, ablehnen und dagegen kämpfen. Zum Beispiel die in Istanbul geborene Seyran Ateş, die Imamin werden will und allen Anfeindungen zum Trotz für die Gleichberechtigung der Frau im Islam kämpft: »Frauen abzuwerten, davon steht nichts im Koran.« Sie möchte zeigen: »Der Koran steht wie die andern Religionen für Liebe und für die Würde des Menschen. Für die Würde jedes Menschen.« (Bild der Frau, 50/2016/36) Änderung ist möglich und erwünscht. Aber es wird Zeit brauchen, um bestimmte Dinge zu verändern, und es wird dabei noch viele Auseinandersetzungen geben. Doch das gehört zu Veränderung dazu. Wir als Christen wissen das – auch, dass wir selbst Veränderungen anstoßen und durchfechten müssen.

Veränderungen sind nötig, und wir dürfen keine Angst davor haben. Das gilt für unseren Umgang mit dem Islam und

Begegnung mit der islamischen Welt, aber auch für die muslimische Seite, die ebenfalls mit Besorgnis auf die Begegnung mit uns blickt. Die Angst vor einer Dominanz des Westens in den verschiedenen Bereichen des Lebens ist in der islamischen Welt spürbar, und manchmal durchaus zurecht. Das gilt ganz besonders für unser Zusammenleben hier in Deutschland, für unser Miteinander in den Familien, dem Job oder der Beziehung. Wir müssen anerkennen, dass es massive Ängste und Verunsicherungen gibt. Doch zugleich, und das ist das entscheidende Anliegen dieses Buches, dürfen wir auch sehen: Wir können diese Ängste überwinden und so frei werden für Wandel, frei werden für das Leben. Wir können das wirklich schaffen. Gemeinsam, mit Entschiedenheit, aber auch Kreativität. Wir sind unseren Ängsten nicht hilflos ausgeliefert und haben in unserer Geschichte oft genug erlebt, was man alles schafft, wenn man es gemeinsam und entschlossen anpackt. Und, vor allem: Für ein jüdisch-christliches Abendland, für uns als Christen, gibt es kein Aufgeben und Erstarren in Angst. Christen sind keine Feiglinge und Angsthasen, sondern Hoffnungsträger! Wir dürfen Ängste haben, das ist ganz normal. Aber wir müssen uns ihnen stellen und dann weitermachen. Oder, wie Johannes Paul II. bei seiner Amtseinführung am 22. Oktober 1978 gerufen hat: »Habt keine Angst! Öffnet, ja reißt die Tore weit auf für Christus! Öffnet die Grenzen der Staaten, die wirtschaftlichen und politischen Systeme, die weiten Bereiche der Kultur, der Zivilisation und des Fortschritts seiner rettenden Macht! Habt keine Angst! Christus weiß, ›was im Innern des Menschen ist‹. Er allein weiß es!«

Notker Wolf, 1. Juni 2018

Die Stunde der Populisten

Was wirst du am meisten vermissen von Rom? Das war und ist vielleicht die häufigste Frage, die ich in den letzten Wochen gehört habe. Gleich nach: Wie geht's dir? Was ich vermisse, nachdem ich ein Viertel meines Lebens in Rom verbracht habe. Wobei das eigentlich gar nicht stimmt: Wenn ich zusammenzähle, wie viele Tage ich in diesen sechzehn Jahren als Abtprimas in Flugzeugen, in Wartehallen oder Zugabteilen verbracht habe, dann sind es doch deutlich weniger als sechzehn Jahre, denn ich war ja ständig unterwegs, 300 000 Flugkilometer jährlich. Auf jeden Fall bin ich nach so langer Zeit wieder zurück in meiner Heimat, in Bayern. Und natürlich vermisse ich verschiedene Dinge des Alltags: die Pasta vor allem. Das klingt wie ein Klischee, ich weiß. Aber wer den Unterschied kennt, der wird verstehen, was ich meine. Das italienische Wetter, auch das fehlt mir. So schön die Jahreszeiten bei uns daheim sind, so wunderbar der weiß-blaue Himmel über Bayern sein kann – das mediterrane Wetter hat schon etwas. Und ich vermisse natürlich die Menschen, mit denen ich gearbeitet, gelacht, manchmal auch gerungen habe. Denen ich viel zu verdanken habe, persönlich und privat genauso wie beruflich und in meinem Amt. Ja, ich vermisse vieles. Doch zugleich spüre ich: Ich bin wieder in meiner Heimat, in Bayern und Deutschland. Vielleicht kehre ich sogar noch deutscher zurück als zuvor. Deutscher im Sinne von: meiner Herkunft bewusster, meiner Identität, meinem

Land. Und ich spüre: Hier kenne ich doch noch einmal alles besser. Hier ist mir alles eine Nuance vertrauter, seien es die Orte, die Geschichte oder die Menschen. Nur eines, das ist mir nicht vertraut: wie ängstlich Deutschland, mein Deutschland, geworden ist.

Den Begriff der »German Angst« gibt es natürlich schon lange. Helmut Schmidt sagte zum Beispiel einmal: »Die Deutschen haben die Neigung, sich zu ängstigen. Das steckt seit dem Ende der Nazi-Zeit und Krieg in ihrem Bewusstsein.« Allerdings war ursprünglich mit dem Begriff »German Angst« gar nicht so sehr wirklich Angst im Sinne einer Furcht gemeint. Sondern eher eine gewisse Scheu, eine Zögerlichkeit, wenn es etwas zu entscheiden und wenn es zu handeln galt, eine Haltung, wie sie unser Land in letzter Zeit auch immer wieder an den Tag legt. Zum Beispiel mit seinem außenpolitischen Zögern, etwa in der Frage des Eingreifens in Libyen. Auf den Punkt brachte das einmal der damalige polnische Außenminister Radoslaw Sikorski, der 2011 sagte: »Ich bin wahrscheinlich der erste polnische Außenminister in der Geschichte, der das sagt, aber: Ich habe weniger Angst vor deutscher Macht, als ich anfange, mich vor deutscher Inaktivität zu fürchten.« Wir scheinen die ewigen Bedenkenträger zu sein. Warum? Wir wollen absolute Sicherheit. Wir vertrauen nur auf uns selbst, nicht auch auf die andern.

Doch egal, ob es nun bloße Zögerlichkeit ist oder doch wirkliche Angst, ich frage mich schon: Ist Angst etwas typisch Deutsches? Ich glaube das nicht. Jedenfalls habe ich das so nicht erlebt und nicht in Erinnerung. Und es ist ja nicht so, dass ich während meiner Zeit in Rom nicht ab und zu in Deutschland gewesen wäre. Ich glaube das nicht, sondern vielmehr, dass wir derzeit eine besondere Angstsituation haben in unserem Land. Eine Situation, die von Menschen genutzt wird – wie in den meisten anderen europäischen Staaten oder auch gerade erst in den USA –, deren Worte Schimpftiraden und deren Programme Stammtischparolen sind. Es scheint die Stunde der Populisten geschlagen zu haben, wie es in Anklang an den Filmtitel »Stunde der Patrioten« heißt.

Apropos Stammtisch: Die Stunde der Populisten hat viel damit zu tun, dass viele Politiker eben nicht mehr an den Stammtischen sitzen, hier in Bayern sogar ganz wortwörtlich. Früher war ja gerade das die Stärke der CSU. Sie war nahe dran an den Leuten und damit an deren Nöten, Sorgen, Hoffnungen oder eben auch Ängsten. Der Stammtisch ist nicht nur ein Symbol für Gemütlichkeit und Bier, sondern eben auch für Begegnung, für Gemeinschaft und Austausch. Der Stammtisch ist ein Ort, an dem man zusammenkommt, der einen festen Platz und eine feste Zeit markiert, früher meistens am Sonntag nach der Kirche zum Frühschoppen, und damit einen sozialen Kitt und Kleber. Dazu gehörten früher einmal vor allem die angesehenen und wichtigen Persönlichkeiten eines Dorfes. Heute, so das Gefühl der Leute, sitzen die Eliten nicht mehr mit den Menschen am Stammtisch. Das wollen sie gar nicht. Das Wort »Stammtischparole« ist ein Synonym für niveaulos, polternd und wenig durchdacht. Doch den freien Platz am Stammtisch – jetzt im übertragenen Sinne – haben andere eingenommen, die sich gerne dort breitmachen. Und die tatsächlich Stammtischparolen wie im obigen Sinne klopfen und herausposaunen. Es sind eben jene Populisten von der AfD, der Pegida oder auch rechten Parteien wie der NPD oder früher in Bayern der Republikaner. Sie besetzen die Stammtische für sich und sind damit auf eine Art und Weise bei den Menschen, wie es viele andere Entscheidungsträger nicht mehr sind. Die Populisten sind beim populus, beim Volk.

Populisten sind Leute, so sagt man immer wieder, die dem »Volk aufs Maul schauen«. Dahinter steckt der Gedanke, dass sie dann eben auch den Leuten nach dem Mund reden, also das sagen, was ankommt, was opportun ist, was gefällt. Interessanterweise stammt die Formulierung »aufs Maul schauen« von Martin Luther, und wenn man sie so begreift, wie er das tat, dann finde ich es überhaupt nicht schlecht, dem Volk aufs Maul zu schauen. Es bedeutet schlichtweg, dass man weiß, was die Menschen beschäftigt und dass man zugleich ihre Sprache spricht. Nicht, um sich anzubiedern. Sondern um zu verstehen und um verstanden zu werden. Ich mache das als Priester ja nicht anders. Ich will mit meinen Predigten, meinen Ansprachen oder auch Texten verstanden werden. Also muss ich eine Sprache sprechen, die die Menschen sprechen und die sie anspricht. Alles andere ist Nabelschau und Blendwerk. Das mag jetzt vielleicht etwas grob klingen: Aber es würde uns und besonders unseren Eliten guttun, mal wieder mehr den Menschen aufs Maul zu schauen. Ohne ihm nach dem Mund zu reden. Einer, der das kann, ist Papst Franziskus. Er weiß um die konkreten Nöte der Menschen, der Familien, der Ehen und Erziehung und eckt dementsprechend bei legalistisch ausgerichteten Kardinälen an. Sie suchen den Buchstaben des Gesetzes, er den Menschen, und er sieht sich darin von der Botschaft Jesu bestätigt und herausgefordert.

Mit dem Populismus ist es ähnlich: Vielleicht bräuchten wir nicht weniger Populisten, sondern mehr. Keine Populisten im Sinne von Le Pen, Wilders oder Petry und Co. Nein. In diesem Sinne hat übrigens auch das Christentum nichts mit Populismus zu tun. Die christliche Botschaft ist gerade keine oberflächliche. Das, was Jesus verkündet hat, war verständlich – deshalb auch die vielen Gleichnisse. Aber er redete den Leuten gerade nicht nach dem Mund, sondern war oft genug Stein des Anstoßes, provozierte, erregte Widerspruch. Immer dann, wenn er sich auch gegen die Eliten wendete. Populisten im herkömmlichen Sinne brauchen wir also sicher nicht. Aber vielleicht Populisten im Sinne von Menschen, die »beim Volk« sind, die sich dafür interessieren, was uns bewegt, was uns antreibt – und was uns Angst macht. Ich bin kein ängstlicher Mensch, überhaupt nicht. Aber was mir Angst machen würde, ist, wenn wir den Stammtisch unserer Gesellschaft komplett der AfD und Konsorten überlassen. In Bayern stehen jetzt Wahlen an, Landtagswahlen. Die Süddeutsche Zeitung titelte im April dazu »Die Angst vor der AfD« und beschrieb einen bildungspolitischen Kotau in Bezug auf Islamunterricht an den bayerischen Schulen und formulierte: »Dabei ist es längst wissenschaftlich erwiesen, dass der Islamunterricht die Integration muslimischer Kinder und ihrer Eltern fördert. Aber ein Angebot speziell für Muslime passt eben gerade schlecht zum politischen Kurs der CSU, der auf Ausgrenzung des Islams setzt.« Mit einem flammenden Plädoyer für Islamunterricht mag man tatsächlich nicht viel Beifall am Stammtisch finden. Das heißt aber nicht, dass wir deshalb nicht ins Gespräch, in die Diskussion eingreifen müssen. Das ist auch, wenn man so will, eine Bürgerpflicht. Liebe zur Heimat hat genau damit zu tun: Dass man seine Meinung sagt, wenn es um das Wohl der Heimat geht, dass man den Mund aufmacht, wenn es an der Zeit ist. Wenn es die Zeit und die Stunde der Patrioten ist.

Ängste müssen wir ernst nehmen – aber nicht zu ernst

Ich habe einmal in einem Buch geschrieben, dass ich seit einem bestimmten Tag, seit einem bestimmten Ereignis keine Angst mehr gehabt habe. Ich war damals noch nicht ganz vierzig und befand mich im Auto auf dem Weg von Rom nach St. Ottilien. Die Sonne schien und alles um mich herum blühte. Ich war in einem Glückszustand, fühlte jenen ganz bestimmten Freiheitsmoment, der beim Autofahren manchmal entsteht. Auf einmal dachte ich: Wenn mir jetzt etwas passieren würde, ein Autounfall zum Beispiel … Und ich spürte in mir: So schlimm wäre das nicht, denn ich hatte schon so viel Schönes erlebt, ich fühlte mich jetzt schon so erfüllt und beschenkt. Seitdem, so schrieb ich später, hätte ich mit dem Leben abgeschlossen und der Angst auch. Heute kann ich ergänzen: Die Geschichte stimmt. Und das mit dem Leben auch. Und auch das mit der Angst, aber nur zum Teil. Denn natürlich habe ich auch danach noch Angst gehabt und Momente erlebt, in denen ich mich gefürchtet habe. Aber, und das ist wahr: Ich hatte nie mehr eine existenzielle Angst. Ich war mit mir und dem Leben im Reinen, und vor allem mit dem Herrgott.

Ich kenne also Angst, natürlich. Etwa wenn plötzlich das Licht ausgeht oder große Hunde anfangen zu bellen … Oh ja, diese Hunde, die wie Pferde aussehen, vor denen habe ich einen Heidenrespekt. Oder auch vor halsbrecherischen Skiabfahrten, da fühle ich mein Alter. Und vor Vorträgen und Musikauftritten bin ich noch immer richtig angespannt. All diese Ängste habe ich, das gebe ich gerne zu. Es wäre auch unmenschlich, sie nicht zu haben. Denn Angst gehört zum Leben und zum Menschsein dazu. Man muss Ängste ernst nehmen, weil sie immer auch eine Warnung sein können. Angst zu haben, ist in Ordnung. Doch es ist auch wichtig, was der große Dichter Khalil Gibran geschrieben hat: »Beherzt ist nicht, wer keine Angst kennt, beherzt ist, wer die Angst kennt und sie überwindet.«

Jeder hat Angst. Das ist normal. Das Fatale ist nur: Angst ist oft ansteckend, und irgendwann sind sogar Menschen, die eigentlich relativ optimistisch und voller Vertrauen durch das Leben gehen, davon infiziert. Daher kommt es, dass Angst heute omnipräsent ist und die Diagnose, unsere Gesellschaft sei zu einer »Angst-Gesellschaft« verkommen, zum Standardrepertoire von Politologen, Soziologen und vor allem Psychologen gehört. Es gibt inzwischen sogar eine Angst, die allem vorgelagert ist: die Angst vor der Angst. Dabei ist Angst als Emotion zunächst einmal nichts Widernatürliches, sondern entspricht im Gegenteil sogar unserer Natur. Sie ist auch nicht grundsätzlich etwas Schlechtes oder Schlimmes. Sie übernimmt vielmehr für uns ein bisschen die Funktion eines Feuermelders mit eingebauter Sprinkleranlage. Die Angst springt an, sobald Gefahr droht, und sie schüttet bestimmte Stoffe aus, die uns in Alarmbereitschaft versetzen und es uns ermöglichen, auf eine hoffentlich angemessene Art und Weise zu reagieren. Wenn man also sagt, die Angst gehört zum Leben dazu, so könnte man das sogar noch zuspitzen: Ohne Angst fehlte uns eine entscheidende Existenzgrundlage, ohne Angst wären wir wahrscheinlich nicht mehr am Leben.

Der Angstmechanismus, der sich in unserem Körper abspielt, funktioniert seit Jahrtausenden rasend schnell. Wir reagieren beispielsweise unwillkürlich und unverzüglich auf einen lauten Knall oder einen plötzlichen, starken Luftzug. Ohne dass wir es bewusst merken würden, setzt unser Körper unter anderem das Hormon Noradrenalin frei. Viele Funktionen, die wir nicht unmittelbar zum Bestehen einer Gefahrensituation brauchen oder die hier sogar schädlich wären, zum Beispiel Müdigkeit, werden unterdrückt. Das logische Denken wird zwar nicht komplett ausgeschaltet, aber doch auf ein Minimum reduziert. Der Körper pumpt währenddessen weiter Hormone oder auch Sauerstoff heran, rüstet sich noch mehr für den Ernstfall. Und dieser Ernstfall kennt nur zwei Bewältigungsmöglichkeiten: die Flucht oder den Angriff.

Das Angstgefühl, das wir kennen, ist ein Produkt komplizierter Hirnprozesse. Dabei werden, vereinfacht gesagt, zwei Bereiche des Gehirns, die zusammen die sogenannte Amygdala bilden, gereizt und stimuliert. Aus dieser Stimulierung entsteht schließlich das, was wir emotional mit Angst verbinden. Dieses Gefühl wird durch einen anderen Bereich des Gehirns überprüft, die evolutionär gesehen jüngere Großhirnrinde. In dieser Hirnschicht sitzt nämlich das, was wir lapidar in der Alltagssprache als logisches Denken oder den Verstand bezeichnen würden. Wir wissen dann plötzlich nicht nur, dass wir Angst haben, sondern auch, weshalb wir Angst haben. Ist die Angst unbegründet, unbegründet in dem Sinne, dass keine Lebensgefahr droht, beginnt sie abzuflauen. Wenn der Luftzug zum Beispiel nicht von einem angreifenden Tier oder einem aufkommenden Sturm stammt, sondern nur eine kurze Windböe war, werden die Hormone und anderen Alarmbereitschaftsstoffe abgebaut, und wir kehren wieder in unseren körperlichen Normalzustand zurück.

Besteht dagegen wirklich Gefahr und ist die innere Mobilmachung notwendig, dann kann uns die Angst zu Höchstleistungen antreiben. Ich finde es immer wieder faszinierend, wozu Menschen imstande sind, die in höchster Not um ihr Leben kämpfen. Oder noch mehr, wenn sie um das Leben eines anderen kämpfen – unglaublich, welche Kräfte, physisch wie psychisch, auf einmal freigesetzt werden. Diese Urkraft des Menschen, schlummerndes Potenzial der tierischen Herkunft, kann beeindruckend sein. Wer beispielsweise in der Sixtinischen Kapelle steht und Michelangelos Deckengemälde bewundert, der vergisst schnell, dass der eigenbrötlerische Künstler ursprünglich gar keine Lust auf diese Arbeit gehabt hatte. Michelangelo sah sich in erster Linie als Bildhauer und wollte eigentlich das Grabmal Papst Julius II. in Angriff nehmen, es sollte mit mindestens vierzig monumentalen Statuen geschmückt sein. Der Papst aber hatte es sich anders überlegt und Michelangelo, der von einem Auftrag für die Sixtina nichts wissen wollte, erst eindringlich dazu gebeten und ihn dann regelrecht bedroht. Das Ergebnis lässt sich sehen, und es ist erstaunlich, dass ein Gemälde, eine kreative Schöpfung also, durch so etwas wie Angst hervorgebracht werden kann. Wobei natürlich die Frage offenbleibt, ob ohne die Drohungen, wenn also der Meister Lust auf den Auftrag gehabt hätte, nicht noch etwas Wunderbareres hätte entstehen können. Denn zu viel Angst, das kennen wohl die meisten, erstickt am Ende jede Kreativität. Wie auch immer, es ist bemerkenswert, dass Angst offensichtlich nicht nur rein körperlich antreibt, sondern auch andere Spitzenleistungen aus uns hervorholt. Ganz so, wie es Sören Kierkegaard einmal formuliert hat. Der dänische Philosoph veröffentlichte 1844 sein Werk »Der Begriff Angst«, in dem er sich mit dem Phänomen und dem Begriff Angst auseinandersetzt, dann aber auch die theologische Einordnung wagt. Besonders bekannt wurde später dieses Zitat: »Die Angst lähmt nicht nur, sondern enthält die unendliche Möglichkeit des Könnens, die den Motor menschlicher Entwicklung bildet.«

Interessant bei Kierkegaard ist außerdem, dass der Däne Überlegungen anstellt, die Angst von der Furcht zu unterscheiden. Diese Unterscheidung wurde und wird immer wieder aufgegriffen und kann so auf den Punkt gebracht werden: Furcht bezieht sich auf etwas Konkretes, etwas Objektives. Angst kann dagegen rein subjektiv entstehen, ohne dass es einen objektiven Grund dafür gibt. Man kann sich also grundlos ängstigen, aber nicht grundlos fürchten. Angst kann völlig diffus sein, die Furcht dagegen nicht.

Angst und Furcht sind einerseits biologisch-evolutionäre Ergebnisse und Teil dessen, was die Menschheit in ihrer Geschichte kollektiv erlernt hat. Andererseits sind beide auch immer subjektiv verankert. Wer sich beispielsweise beim Sport schwer verletzt hat, wird unter Umständen eine ganz andere Furcht – oder sogar Angst – vor der Verletzung haben als einer, der damit keine Erfahrungen hat und nur ganz generell und grundsätzlich Angst vor einem Beinbruch oder einer ausgekugelten Schulter hat. Das Besondere daran ist: Ängste sind nicht statisch. Sie entwickeln sich, prägen sich aus oder verschwinden. Fritz Riemann, Verfasser des Standardwerkes »Grundformen der Angst«, formuliert es so: »Angst gibt es auch unabhängig von der Kultur und der Entwicklungshöhe eines Volkes oder eines Einzelnen – was sich ändert, sind lediglich die Angstobjekte, das, was jeweils Angst auslöst, und andererseits die Mittel und Maßnahmen, die wir anwenden, um Angst zu bekämpfen. So haben wir heute im Allgemeinen keine Angst mehr vor Donner und Blitz; Sonnen- und Mondfinsternisse sind für uns ein interessantes Naturschauspiel geworden, aber nicht mehr ein Angsterleben, denn wir wissen, dass sie kein endgültiges Verschwinden dieser Gestirne oder gar einen möglichen Weltuntergang bedeuten. Dafür kennen wir heute Ängste, die frühere Kulturen nicht kannten – wir haben etwa Angst vor Bakterien, vor neuen Krankheitsbedrohungen, vor Verkehrsunfällen, vor Alter und Einsamkeit.« Und der Psychoanalytiker stellt klar, was schon angeklungen ist: »So ist es wieder eine Illusion, zu meinen, dass der ›Fortschritt‹ – der immer zugleich auch ein Rückschritt ist – uns unsere Ängste nehmen werde; manche gewiss, aber er wird neue Ängste zur Folge haben. Das Erlebnis Angst gehört zu unserem Dasein.«

Angst gehört zu unserem Dasein, und keine noch so brillante Erfindung, kein noch so ausgeklügeltes System wird uns jemals zu einem angstfreien Leben verhelfen. Dies sei fortschrittshörige Naivität, eine Illusion, so Riemann. Wobei ich heute gar nicht den Eindruck habe, als sei diese Illusion das eigentliche Problem. Im Gegenteil, es scheint mir, als sei es der Fortschrittspessimismus, der derzeit massiv in unserer Gesellschaft um sich greift. Denn wenn wir uns umsehen, kommt es uns vermutlich so vor, als gehöre Angst nicht nur zum Leben dazu, sondern als bestehe unser Leben derzeit in erster Linie aus Angst: Angst um den Job, Angst um die Kinder, Angst um die Beziehung und Angst um das Leben selbst, denkt man nur an die Attentate und Anschläge aus jüngster Zeit. Als ob das Leben der Angst gehören würde und nicht vielmehr die Angst zum Leben. In etlichen Medien war zu lesen, dass 2016 das »Jahr der Angst« gewesen sei. Auch zahlreiche Umfragen dokumentieren, dass uns die Angst scheinbar fest im Griff hat. Eine Allensbach-Umfrage ergab zum Beispiel, dass einerseits die überwältigende Mehrheit der Deutschen zufrieden oder gar sehr zufrieden sei. Auch gaben die meisten an, es gehe ihnen gut oder gar sehr gut. Gleichzeitig äußerte die Hälfte das Gefühl, dass es in Deutschland eine ängstliche Stimmung gebe, 27 Prozent bezeichneten sich selbst als ängstlicher als in den Jahren zuvor. Bei den einzelnen Szenarien gab die Mehrheit an, Angst vor einer Erkrankung zu haben (67 Prozent), vor einem Einbruch (62 Prozent) oder vor Diebstählen und Überfällen. Die Angst vor Terroranschlägen kam mit 35 Prozent noch hinter der Angst vor sinkendem Wohlstand auf Platz neun – allerdings fand diese Umfrage noch vor dem Attentat auf den Weihnachtsmarkt in Berlin statt. Ebenfalls interessant: Frauen zeigten sich um einiges ängstlicher als Männer: 71 Prozent der Frauen hatten beispielsweise Angst davor, krank zu werden, bei den Männern waren es 64 Prozent. Ähnliche Relationen gab es bezogen auf die anderen, oben genannten Angstszenarien.

Und eine Emnid-Umfrage für die »Bild am Sonntag« kam zu weiteren besorgniserregenden Ergebnissen: Mehr als die Hälfte der Frauen gab demnach zu Protokoll, dass Deutschland für sie unsicherer geworden sei, 58 Prozent schätzten öffentliche Orte als weniger sicher ein, und 16 Prozent erklärten, sie würden bei Dunkelheit Pfefferspray bei sich tragen. Dies hing eng mit den Debatten um Flüchtlinge und die Frage nach der Integration der Neuankömmlinge zusammen. 50 Prozent sahen in der schon zitierten Allensbach-Umfrage die Chancen für eine gelungene Integration der Flüchtlinge als »weniger gut« an.

Diese Ergebnisse bestätigen das, was Riemann bereits vor Jahren erklärt hat: Neue Ängste entstehen. Allerdings besteht heute eben nicht mehr die Hoffnung, dieser Ängste Herr zu werden, vielmehr herrscht eine zunehmende Verzweiflung, die lähmt. Das hat wesentlich mit dem Grundprinzip der Angst zu tun. Dazu noch einmal Riemann: »Angst tritt immer dort auf, wo wir uns in einer Situation befinden, der wir nicht oder noch nicht gewachsen sind.« Das also ist das Urprinzip der Angst: Das Nicht-gewachsen-Sein oder zumindest das Sich-nicht-gewachsen-Fühlen. Und heute sind immer mehr Menschen der Meinung, den persönlichen und gesellschaftlichen Anforderungen nicht gewachsen zu sein. Wir glauben nicht, dass die Integration von Hunderttausenden Flüchtlingen und Migranten gelingen kann. Wir können es uns nicht vorstellen, dass die Terrorkrieger von ISIS, al-Qaida und anderen Fanatikern einmal besiegt werden oder von selbst die Waffen strecken. Und selbst in kleinen Angelegenheiten befürchten wir, nicht auf der Höhe zu sein, sei es im Job, der Beziehung oder auch nur anlässlich eines Auftritts bei einem kleinen Konzert oder einer kurzen Rede vor der Familie. »Yes, we can« und »Wir schaffen das« sind anscheinend nicht die Losungen, die uns ins Herz geschrieben sind. Stattdessen lesen wir dort eher »Wir schaffen das nicht« oder »I cannot«. In der Angst geht auch jeder Zusammenhalt verloren, und aus dem »Wir« wird ein »Ich« und aus dem »we« am Ende ein kleines »I«. Angst lähmt nicht nur, sondern zersetzt auch.

Gelingt es dagegen, uns klarzumachen, dass das Angstgefühl letztlich grundlos ist und sich nicht wie eine Furcht konkret auf etwas bezieht, ist schon viel gewonnen. Wir fürchten uns etwa nicht, weil wir uns auf etwas Konkretes, bedrohlich Erscheinendes beziehen, sondern wir ängstigen uns schlichtweg grundlos. Viele Deutsche schätzen zum Beispiel die Risiken, die für uns im Alltag bestehen, entweder zu hoch oder zu niedrig ein. Die Technische Hochschule Köln und die Universität Erlangen-Nürnberg haben für den Gesamtverband der Deutschen Versicherungswirtschaft (GDV) eine Studie angefertigt, die bezeichnend ist: Demnach überschätzen die Deutschen die Gefahr eines tödlichen Terroranschlags, um das 30-Fache. Ähnlich ist es mit der Angst vor verschiedenen Arten von Unfällen mit tödlichem Ausgang. Im krassen Gegensatz dazu stehen Risiken des Alltags, zum Beispiel: Die Gefahr eines Wohnungsbrands unterschätzen die Befragten beispielsweise um das 350-Fache. Das zeigt, dass Angst und Realität nicht wesentlich zusammenhängen, nimmt man die Ergebnisse der oben angeführten Umfragen hinzu. Wieso sollte sonst die Angst vor einem Terroranschlag so hoch eingeschätzt werden? Weil Angst eben diffuser sein kann. Einerseits reicht schon das subjektive Gefühl, man sei überfordert oder könne etwas nicht, um Angst auszulösen. Mit der Realität hat das nichts zu tun. Es findet kein rationales Abwägen statt und keine logische Überprüfung des Gefühls mit der tatsächlichen Situation. Die Tatsache, dass ich glaube, eine Führungsposition nicht bekleiden, meine Kindern nicht großziehen oder den Partner nicht glücklich machen zu können, kann von der Realität völlig abgekoppelt sein. Allerdings – und das ist da Fatale – wird diese Angst zu einer Realität, weil sie uns lähmt, und zu einer sich selbst verstärkenden Spirale, wenn wir deshalb gelähmt scheitern. Aus der eingebildeten Überforderung wird die tatsächliche, allein aufgrund der psychischen Lähmung.

Die eingebildete Überforderung ist ohne Zweifel eine der Hauptursachen für unsere verängstigte Gesellschaft. Etwa genauso oft verwechseln wir Angst oder Furcht mit Unsicherheit. Das ist nicht dasselbe, was ich kurz zeigen will. Für mich hat ein völlig neuer Lebensabschnitt begonnen. Ich bin aus Rom, das für viele Jahre meine Heimat war, wieder zurückgezogen in das Kloster in St. Ottilien. Dieses »zurück« ist aber kein zurück in das, was ich vor so vielen Jahren verlassen habe. Das Kloster ist nicht mehr dasselbe, viel hat sich verändert. Die Mitbürger sind nicht mehr dieselben, viele sind gegangen, neue sind dazugekommen. Und vor allem: Ich bin nicht mehr derselbe. Ich bin nicht mehr der Notker, als der ich zum Abtprimas gewählt wurde. Die Erfahrungen, die ich in Rom und in meinem Amt, auf meinen Reisen und in den vielen verschiedenen Aufgaben und Begegnungen gesammelt habe, haben mich verändert. Zum Glück haben sie mich verändert, alles andere wäre fatal und menschlich ein Verlust. Ich habe viel gelernt, habe viele wunderbare Momente und auch einige Enttäuschungen erlebt. Und ich bin, nicht zuletzt, älter geworden. Das schreibt sich so leicht, aber für mich ist das Alter tatsächlich keine Last. Trotzdem komme ich als alter Mann nach St. Ottilien und Deutschland zurück. Ich muss mich auf andere Gegebenheiten einstellen, auf scheinbare Kleinigkeiten wie etwa die Benutzung der öffentlichen Verkehrsmittel. Früher als Abtprimas hatte ich meistens einen Fahrer, anders wären die vielen Termine, besonders in Rom, gar nicht möglich gewesen. Jetzt fahre ich wieder S-Bahn oder Zug. Ich bin mir dafür nicht zu schade, ganz und gar nicht. Aber ich merke zum Beispiel, dass ich München nicht mehr kenne und mich erst wieder orientieren muss, wenn ich dort bin – obwohl ich fünf Jahre dort studiert habe, aber bereits von 1965 bis 1970. Vieles ist nicht im eigentlichen Sinne neu, aber doch ungewohnt. Ich stehe zum Beispiel am Marienplatz in München, der sich so unglaublich verändert hat. Ich muss erst die Brille rausziehen – ja, das Alter. Dann suche ich und gucke umher und merke, dass das alles ungewohnt ist für mich.

Durch diese Ungewohntheit entsteht manchmal Unsicherheit, und die könnte schnell mit Angst verwechselt werden. Doch das ist sie nicht. Es bleibt Unsicherheit, und ich sage mir dann ganz bewusst: »Gib dir jetzt einen Ruck und lauf etwas schneller. Die anderen schaffen das doch auch.« Das Ungewohnte schafft Unsicherheit. Und wenn man das nicht als Unsicherheit und Ungewohntheit diagnostiziert, entsteht daraus Angst.

Die Unsicherheit, die aus dem Ungewohnten entsteht, gehört zur Natur des Menschen. Es gibt nun mal keine absolute Sicherheit in einer fragilen Welt. Das bezieht sich auf Situationen und Umgebungen, die wir nicht kennen, das bezieht sich aber vor allem auf Personen. Die oben genannte Emnid-Umfrage ist dafür bezeichnend. Der starke Anstieg der Frauen, die sich unwohl fühlen, ist eine Reaktion auf jüngste Ereignisse wie die Silvester-Übergriffe in Köln, die medial so präsent sind, dass sie anderes überlagen. Zudem knüpfen sie an etwas an, das tief in unserer Natur verankert ist: die »Angst vor dem Unbekannten« und die »Angst vor dem Fremden«: Sie gehören zu den menschlichen Urängsten. Der Psychologe Borwin Bandelow, einer der führenden Angstforscher weltweit und Direktor der Klinik für Psychiatrie und Psychotherapie der Universität Göttingen, erklärt in einem Interview im Oktober 2015 auf die Frage »Was ist Xenophobie?«: »Ich glaube tatsächlich, dass die Xenophobie dazu führt, dass ein Großteil der Bevölkerung übergroße Ängste vor dem hat, was auf uns zukommt. Die eher vernunftgesteuerten Menschen betonen die ökonomischen und demografischen Vorteile, wenn junge und arbeitsfähige Menschen in das alternde

Deutschland einwandern. Aber das verhallt bei den ängstlicheren Menschen, weil das primitive Angstsystem auf solche Überlegungen überhaupt nicht reagiert. Natürlich gibt es auch ein paar Vernunftgründe, die für eine Einschränkung der Zuwanderung sprechen, aber die Fremdenangst entsteht aus einer Mischung aus Urängsten und rationalen Überlegungen.«

Genau das ist der Punkt. Es gibt Ängste, die nach wie vor sinnvoll und sogar lebensnotwendig sind. Die Fremdenangst, wie sie gerade geschürt wird, gehört nicht dazu. Im Gegenteil. Donald Trump beispielsweise hielt vor einigen Jahren einen Motivationsvortrag und forderte seine Zuhörer direkt auf, ängstlicher zu sein: »Seien Sie paranoid«, rief er ihnen zu. Nur so sei man ständig auf der Hut, nur so könne man sich im täglichen Überlebenskampf, als den Trump unsere Zeit hier auf Erden ansieht, bestehen. Das ist unverblümte Rückkehr zu einem Sozialdarwinismus, der nur den Stärkeren gelten und den »bellum omnium contra omnes«, den »Krieg aller gegen alle« des englischen Philosophen Thomas Hobbes wiederaufleben lässt. Angst spielt in diesem Konzept eine zentrale Rolle. Nicht Furcht, sondern die unbegründete, meistens grundlose Angst, der andere wolle mir von Natur aus schaden. In diesen archaischen Zustand schreien die Trumps dieser Welt uns zurück.

Damit liefern sie die Gründe für ein Verhalten, das mit einem angeblichen Ausnahmezustand gerechtfertigt wird. Besondere Situationen verlangen demnach besondere Maßnahmen, und wenn die Situation immer besonders ist, darf man auch immer zu besonderen Maßnahmen greifen. Dann ist alles erlaubt, was mir hilft. Verhältnismäßigkeit gibt es nicht mehr, sie wird vielmehr als Ausdruck von Schwäche betrachtet. Im Ausnahmezustand ist nicht nur alles erlaubt, sondern sogar alles geboten und gefordert. Blinder Aktionismus ist einer der engsten Begleiter von Angst. Beispiele gibt es dafür genug. Wir müssen nur lesen und hören, welche Parolen ausgerufen und Forderungen erhoben werden, sobald einmal etwas schiefläuft. Da geht es nicht mehr darum, rational zu analysieren, was die Ursachen und Gründe für das Scheitern waren und welche Lösungen und Wege es gebe, doch noch das Ziel zu erreichen. Die Angst macht die Stimme der Vernunft leiser und das Gebrüll der Panik lauter. Doch damit lösen wir gar nichts. Wir müssen wieder in den Normalzustand zurückkehren.

Ja, man soll die Ängste ernst nehmen. Die eigenen, aber auch die anderer Menschen. Zugleich muss man jedoch Abstand zu den eigenen Emotionen gewinnen, um wieder klar denken und klug handeln zu können. Es gibt dafür verschiedene Rezepte. Einige davon sind sehr modern, stehen in jedem Psychologiemagazin und klingen bisweilen reichlich bizarr. Andere sind seit Jahrhunderten erprobt und noch immer aktuell und heilsam. Dazu gehören viele unterschiedliche Arten christlicher spiritueller Übungen und Gebete, die eine lange Tradition besitzen. Besonders bekannt sind beispielsweise die Exerzitien, die geistlichen Übungen des Ignatius von Loyola, dem Gründer der Jesuiten. Dieser Ignatius kannte die Angst sehr genau. Er war Soldat, kämpfte an vorderster Front, wurde schwer verwundet und kämpfte um sein Leben. Er wusste, was Angst ist. In seinem Leben hat er mehr als deutlich erfahren, wie sie lähmen kann, als Schwerverwundeter im wahrsten Sinne des Wortes. Ignatius hat aber auch eine Methode gefunden, um die Emotionen, die Gedanken, die »Geister«, wie er es nennt, zu unterscheiden. Papst Franziskus, selbst Jesuit, kommt sehr oft auf diese Unterscheidung zu sprechen. In einem Interview mit seinem Ordensbruder Antonio Spadaro erklärt er diese Unterscheidung und wie sie hilft, sich nicht einfach von der Angst – oder auch von anderen Emotionen – wegreißen zu lassen: »Das wird uns guttun. Erstens: Was geschieht in meinem Herzen? Was denke ich? Was empfinde ich? Passe ich auf, oder lasse ich zu, dass alles kommt und geht? Weiß ich, was ich will? Stelle ich das, was ich will, was ich mir wünsche, auf die Probe? Oder nehme ich alles? Ihr Lieben, glaubt nicht jedem Geist; prüft die Geister.«

Prüft die Geister. Die Geister in uns und die Geister um uns herum. Wir haben viele Geister gerufen und glauben, dass wir sie jetzt nicht mehr loswerden. Das stimmt nicht. Wir werden sie los. Doch dafür brauchen wir manchmal auch Zeit. Franziskus rät deshalb, wenn er über die »Unterscheidung der Geister« spricht: »Diese Unterscheidung braucht Zeit. Viele meinen zum Beispiel, dass Veränderungen und Reformen kurzfristig erfolgen können. Ich glaube, dass man immer genügend Zeit braucht, um die Grundlagen für eine echte, wirksame Veränderung zu legen. Und das ist die Zeit der Unterscheidung. Ich misstraue Entscheidungen, die improvisiert getroffen wurden. Ich misstraue immer der ersten Entscheidung, das heißt, der ersten Sache, die zu tun mir in den Sinn kommt. Sie ist im Allgemeinen falsch. Ich muss warten, innerlich abwägen, mir die nötige Zeit nehmen. Die Weisheit der Unterscheidung gleicht die notwendige Zweideutigkeit des Lebens aus und lässt uns die geeignetsten Mittel finden, die nicht immer mit dem identisch sind, was als groß und stark erscheint.«

Franziskus mag da etwas übertrieben haben. Nicht jede Entscheidung aus dem Bauch heraus ist falsch. Ich habe oft improvisieren müssen, und nicht selten ist auch etwas Vernünftiges dabei herausgekommen. Womit der Papst aber recht hat: Wir dürfen uns nicht so sehr von der Angst treiben lassen. Nicht von den Geistern wie Terrorismus oder Wirtschaftskrise, von Geistern wie Frauke Petry und anderen Angstmachern. Unterscheidung braucht Zeit. Wir können nicht alles im Hauruckverfahren anpacken. Wir haben aufgrund unserer tierischen Abstammung mit der Angst ein Warnmittel zur Verfügung, das uns spontan und schnell reagieren lässt. Das ist manchmal nötig. Aber nicht immer. Und selten, wenn es um echte Veränderungen geht, um langfristige Lösungen, die nicht nur etwas mit den Grundreflexen Flucht und Angriff zu tun haben. Für Politiker wie Donald Trump gibt es nur das eine oder das andere. Wer nicht angreift, hat schon verloren, das haben sein Wahlkampf und seine Politik. egal ob im Inneren oder nach Außen, gezeigt. Dahinter steckt kein Mut, sondern Angst. Angst vor dem Scheitern oder einer Niederlage oder zumindest dem, was einer wie Trump als Niederlage ansehen würde. Die Rastlosigkeit, die Trump ausmacht, ist ein Symptom dieser Angst und das Gegenstück zur anderen Seite, der Gelahmtheit. Angst kann uns in Agonie stürzen oder in Aktionismus.

Mit beidem ist uns nicht geholfen. Gerade wenn es kompliziert wird und besonders wenn wir Angst haben, sollten wir einfach einmal etwas langsamer vorwärtsgehen. Was nicht heißt, dass wir stehenbleiben sollen, das nicht. Aber was mache ich, wenn das Licht ausgeht? Ich taste mich langsam voran. Wir sind heute von einem Wahn der Machbarkeit und einem unerbittlichen Geist der Eile befallen. Um unsere Ängste in den Griff zu bekommen, glauben wir, alles tun zu müssen, was irgendwie möglich scheint. Auf jeder Ebene. Es gibt inzwischen Versicherungen gegen alles und jeden, es gibt mittlerweile sogar Hochzeitsrücktrittskostenversicherungen. Uns fallen technisch immer ausgeklügeltere Methoden ein, um Unfälle zu umgehen oder um Kinderspielplätze abzusichern. Wir wollen gesetzlich alles regeln, was noch irgendwie zu regeln ist. Und am besten soll das alles sofort geschehen. Die ideale Lösung, bitte noch heute, wenn schon nicht gestern. Doch so geht das nicht. Probleme können erst gelöst werden, wenn sie da sind. Und wenn sie da sind, dann nicht ohne eine »Unterscheidung«.

Die Unterscheidung hilft uns, Angst und Furcht zu trennen, wie ich das oben beschrieben habe. Was ist begründet, was nicht? Was hilft, was nicht? Die bereits angesprochene Emnid-Umfrage zu Migration und Integration und die Studie von Borwin Bandelow sind wunderbare Beispiele. Bandelow hat deshalb auch recht, wenn er darauf hinweist, dass die »Angst vor dem Fremden« etwas zutiefst Menschliches ist, aber eben auch etwas Überholtes: »Eine Phobie ist eine übertriebene, unangemessene Angst, in diesem Fall vor Fremden. Erklären lässt es sich vielleicht an der Spinnenphobie: Das ist eine Furcht, die heute in Deutschland nicht mehr nötig ist, denn es gibt hier keine Spinne mehr, die beißt, sticht oder kratzt. Früher war die Angst notwendig, weil Leute noch an Spinnenbissen starben. Wer gebissen wurde, starb und hatte keine Nachkommen. Weil solche Ängste eben auch auf dem Erbwege verbreitet werden, haben wir sie heute noch, obwohl wir sie nicht mehr brauchen. So ähnlich ist das mit der Fremdenangst auch.«

Viele Ängste sind überholt. Sie schützen uns nicht mehr, sondern sie lähmen uns oder treiben uns vor sich her. Wir können sie ablegen, wir müssen sie ablegen. Und wenn wir sie nicht gänzlich ablegen können, gerade weil sie Teil unserer Natur sind, dann müssen wir lernen, damit umzugehen. Angst entsteht oft gerade dann, wenn wir das Gefühl haben, einer Situation nicht gewachsen zu sein. Wir glauben, dass wir mit den Hunderttausenden Menschen, die zu uns kommen, nicht gut zusammenleben können, weil wir zu unterschiedlich sind in Kultur, Sprache und Religion. Wir meinen, dass wir den Anforderungen der modernen Berufswelt nicht mehr gerecht werden und mit ihnen nicht mehr Schritt halten können und haben deshalb Angst vor dem Jobverlust und dem sozialen Abstieg. Diese Liste ließe sich ständig erweitern, und immer steht das Gefühl im Vordergrund, jemandem oder einer Sache nicht gewachsen zu sein. Wir stürzen in Verzweiflung, weil wir befürchten, nicht mehr all den Wünschen von Familie, Freunden und Kollegen entsprechen zu können. Doch meistens gibt es dazu gar keinen Grund. Zum Beispiel die Angst vor dem Zusammenbruch der gesellschaftlichen Ordnung in Deutschland: Ja, die letzten Monate mit den Anschlägen in Deutschland und in Nachbarländern, aber auch politischen Erdbeben wie dem Brexit oder jetzt erst der Trump-Wahl oder Katastrophen wie die Erdbeben in Italien waren zum Teil auch zum Fürchten. Aber doch nicht zum Verzweifeln. Wir müssen damit leben, dass es Menschen gibt, die uns und unser Land bedrohen. Wir müssen es ertragen, dass so schreckliche Dinge wie die Anschläge in Berlin oder München passieren. Was wir nicht ertragen müssen: das Gefühl, wir wären machtlos. Das sind wir nicht. Zumindest dann nicht, wenn wir uns gegen die Angst wehren.

Sich gegen die Angst wehren, das sagt sich so einfach. Bei manchen Ängsten ist das tatsächlich nicht so leicht. Bei den meisten aber führen oft jene Wege ans Ziel, über die ich bereits gesprochen habe. Das Gebet oder geistliche Übungen. Die Unterscheidung der Geister, egal mit welcher Methode, um zu erkennen, dass viele Ängste unbegründet und wir der Situation gewachsen sind. Eines der einfachsten Mittel verwende ich sehr häufig. Nicht in jeder Lage, das wäre nicht angemessen. Aber doch gar nicht so selten: Ich lache oder bringe andere Menschen zum Lachen. Lachen, das weiß jeder, befreit. Lachen befreit wirklich von der Angst, weil man im Lachen bereits eine Art Distanz zu sich bekommt. Wer über sich selbst lachen kann, distanziert sich auf gesunde Art und Weise ein wenig von sich selbst. Und wer über die Angst lacht, der distanziert sich auch von der Angst. Bekommt Abstand und damit die Gelegenheit nachzudenken, zu relativieren.

Ich erinnere mich in diesem Zusammenhang an einen Flug nach Rom. Neben mir saß eine Familie mit einem Kleinkind. Das Kind fing direkt nach dem Start an zu quengeln. Aus dem Quengeln wurde ein Gemeckere und irgendwann ein Gebrüll. Die Kleine hatte offensichtlich einen starken Druck auf den Ohren und vor Schmerzen geschrien. Die Eltern versuchten es mit der Flasche und gutem Zureden, aber ohne Erfolg. Ich fing deshalb an, mit den Fingern Faxen zu machen. Die Kleine wurde aufmerksam, schaute mir zu und begann zu lachen und zu lachen. Mir ging fast die Fantasie aus; denn der Weg war noch weit, aber ich habe es geschafft. Der Druck war weg, und die Angst auch – auch die Peinlichkeit der Eltern.

Lachen befreit uns von Angst. Damit meine ich nicht, dass man nur herumalbern soll. Wir können Terroristen nicht weglachen. Wir müssen uns anstrengen, um Lösungen für manche Gründe unserer Ängste zu finden. Doch mitentscheidend dabei ist, dass wir unsere Ängste zwar ernst nehmen – aber nicht zu ernst. Das Lachen ist dafür ein Indiz. Denn in einer Gesellschaft, in der nicht mehr gelacht wird, hat man irgendwann auch nichts mehr zu lachen. Im Mittelalter mussten die Prediger am Ostersonntag es schaffen, die ganze Gemeinde zum Lachen zu bringen. Das Osterlachen sollte die Überlegenheit und den Sieg über den Tod symbolisieren. Der heilige Benedikt rät den Mönchen, sie sollen den Tod täglich vor Augen haben, nicht aus Angst vor dem Tod, sondern aus Realismus, aus dem Bewusstsein um die ständige Gefährdung des Lebens. Er wusste, dass uns jenseits des Todes noch anderes erwartet.

Schluss mit der Angst

Wer Angst hat, macht dicht. Emotional, rational und oft auch rein physisch. Sicher, manchmal ist auch das Gegenteil der Fall, etwa wenn sich ein Kind voller Angst an die Mutter klammert oder zu den Eltern ins Bett krabbelt, und sei es nur ans Fußende. Aber vielleicht ist auch das nichts anderes als ein Zeichen des Dichtmachens, jedenfalls blockiert auch in diesem Fall die Angst – zumindest rational. Doch nicht nur unseren Verstand, auch unsere Herzen und Häuser machen wir aus lauter Angst dicht, wir verschließen unser Leben und unsere Länder. Wir schotten uns in jeglicher Hinsicht ab. Und so blockiert uns die Angst und hindert uns daran, etwas Neues zu erleben. Wenn ich mich zurückziehe, gibt es keine Entwicklung mehr. Dann bin ich bei einer Haltung angelangt, die in den Worten, die dem großen Kosmopoliten Alexander von Humboldt zugeschrieben werden, sich so gestaltet: »Die gefährlichste Weltanschauung ist die Weltanschauung derer, die die Welt nie angeschaut haben.«

Die Angst oder zumindest die Unsicherheit vor Reisen kann ich durchaus nachvollziehen. Es war 1979, als ich zum ersten Mal nach Kolumbien und Venezuela sowie Korea und die Philippinen gereist bin. Nicht ganz zwei Jahre zuvor war ich zum Erzabt der St. Ottilianer Kongregation gewählt worden, und die kanonische Visitation stand an. So nennt man die regelmäßigen Besuche des Abtprimas (oder auch anderer Ordensoberen oder Ordensmännern in Leitungsfunktionen) in bestimmten Gebieten. Dabei soll sich der Besuchende einerseits ein Bild von den Gemeinschaften, den Werken und der Arbeit vor Ort machen und andererseits die Besuchten die Möglichkeit haben, Dinge zu diskutieren, die ihnen unter den Nägeln brennen. Und natürlich soll damit die Verbindung zu der Gemeinschaft als Ganzes gestärkt und manchmal, gerade in Krisenzeiten, auch Trost oder Mut zugesprochen werden. Die Visitation in Kolumbien und Venezuela war von allem ein bisschen. Um mich auf die Reise vorzubereiten, lernte ich zuerst einmal Spanisch, ich wollte nicht komplett von einem Übersetzer abhängig sein. Dann stand die Reise an, und sie begann abenteuerlich genug. Ich hatte geplant, zuerst nach Seoul zu fliegen. In Korea wollte ich ebenfalls Mitbrüder besuchen, sie sollten nicht so lange auf meinen Besuch warten müssen, und auf den Philippinen wollte ich unseren historischen Spuren nachgehen, die heute nicht mehr zu finden sind. Der erste Abschnitt meiner Reise in Asien verlief problemlos. Nun sollte es von Seoul aus nach Bogota gehen, und zwar über Los Angeles und San Francisco. Flugverbindungen, Flughäfen und auch Flugzeuge: Das alles war eine ganz andere Welt als heute. Wir waren abreisebereit, doch in Seoul bekamen wir ein Problem: Man behauptete, ich würde für den Flug ein Visum für die USA brauchen. Ich meinte, das sei sicher nicht nötig, immerhin sei ich doch Deutscher. Wie recht die anderen hatten und wie unrecht ich, das erfuhr ich dann in Tokio. Dort wollte ich umsteigen, um weiter in die Staaten zu fliegen, doch man ließ mich nicht an Bord gehen. Stattdessen forderte man mich auf, ich solle mir gefälligst ein Visum besorgen. Doch wo und wie? Bis ins Zentrum von Tokio hätte das damals mehrere Stunden gedauert, einmal abgesehen davon, dass ich völlig orientierungs- und sprachlich hilflos war. Spanisch hatte ich gelernt. Japanisch aber nicht. Das ganze Procedere erschien mir einfach als völliger Quatsch.

Mitfliegen konnte ich trotzdem nicht, und so verbrachte ich die Nacht in einem Hotel am Flughafen, dem Holiday Inn, einem riesigen, grauen Betonklotz, in dem man auf dem Zimmer kein Fenster öffnen konnte und das mir erschien wie ein Gefängnis. Das passte nur zu gut zu meiner Stimmung und meiner Situation. Außerdem war es bitterkalt, anscheinend musste das Hotel Energie sparen. Und da ich nur mein Handgepäck dabei hatte und meine Unterlagen, fror ich wie ein Schlosshund. Am nächsten Morgen machte ich mich wieder zum Flughafen auf und sah plötzlich, dass Japan Airlines über Vancouver nach Mexiko fliegen würde. Von Mexiko wusste ich, dass ich dort als Deutscher kein Visum brauchen würde, diesmal war ich mir wirklich sicher. Aber einfach so dorthin fliegen, ohne zu wissen, wie es weitergehen würde? Ein kurzer Check im Internet wäre jetzt nicht schlecht gewesen, aber diese Möglichkeit lag noch Jahrzehnte in der Zukunft. Und im Flughafen wusste auch niemand Bescheid. Egal, dachte ich, und nahm die Maschine nach Mexiko. Um es kurz zu machen: Dort musste ich zwar noch einmal übernachten, aber immerhin konnte ich am nächsten Mittag weiter nach Bogota.

Ich frage mich heute, ob ich damals Angst hatte. Angst sicher nicht. Aber womöglich befiel mich etwas Unsicherheit, und ganz bestimmt breitete sich bei mir eine Ungewissheit aus. Das ist auch normal. Was mir half, waren scheinbar kleine Dinge, an denen ich mich festhalten konnte. Meine vier Pfeifen zum Beispiel. Das klingt komisch, doch gewohnte Dinge oder Rituale helfen in solchen Situationen enorm. Deshalb ist es für uns heute so wichtig, Dinge zu haben, an denen wir uns festklammern können. Vielleicht nicht so panisch wie das kleine Kind an der Mutter. Aber der gelegentliche Griff an etwas, das einem lieb und teuer ist, hilft. Egal, ob es das Foto eines geliebten Menschen ist, ein Rosenkranz in der Tasche oder die Halskette der Großmutter. Genauso ist es mit Ritualen. Es kommt nicht von ungefähr, dass in unserer heutigen Zeit der Globalisierung Rituale und Traditionen wieder im Trend stehen. Das mag verschiedene Ursachen haben und nicht zuletzt den cleveren Vermarktungsideen von Werbeexperten geschuldet sein. Doch sicherlich ist auch eine Sehnsucht nach dem Althergebrachten, nach dem Bewährten damit verbunden. Das Pilzesammeln und Marmeladeeinkochen, das Maibaumaufstellen und der Leonhardiritt, das ist im übertragenen Sinne für Teile unserer Gesellschaft das, was meine vier Pfeifen für mich waren. Vielleicht sogar, ohne einen tieferen Sinne darin zu finden, aber zumindest Ablenkung, Zerstreuung oder auch Beruhigung – und in meinem Fall war sogar etwas Wärmendes in der Hand.

Meine Reise zu meinen Mitbrüdern war damit aber noch nicht zu Ende. Denn nun war ich zwar in Bogota angelangt, aber noch lange nicht im Kloster. Kolumbien war damals, im Jahr 1979, ein Land, in dem die bewaffneten Konflikte sich zuzuspitzen begannen, wieder einmal. Bis Mitte der Sechzigerjahre hatte die Violencia mehr als zweihunderttausend Zivilisten das Leben gekostet. Paramilitärs sorgten trotz Amnestie und verschiedener Friedensbemühungen für Angst und Schrecken, die FARC, heute die größte und einflussreichste Guerillagruppe Südamerikas, begann stärker zu werden. Und: Der Handel mit Rauschgift, befeuert durch den rasant ansteigenden Konsum in Amerika, wurde immer ausgedehnter und brutaler. Kurz: Kolumbien war Ende der Siebzigerjahre alles andere als ein sicherer Platz. Auch wirtschaftlich und technisch war das Land mit mitteleuropäischen Standards nicht vergleichbar. Das bedeutete zum Beispiel, dass es in unserem Kloster, das außerhalb Bogotas lag, kein Telefon gab. Und damit gab es auch keine Möglichkeit, anzurufen, meine Verspätung zu erklären oder gar eine Abholmöglichkeit zu organisieren. Ich hatte zwar aus Mexiko ein Telegramm ins Kloster geschickt, so weit hatte ich schon vorausgedacht. Allerdings ist das Telegramm dort nie angekommen, bis heute nicht. So befand ich mich nun zwar in Bogota am Flughafen, doch was jetzt? Inzwischen war es neun Uhr am Abend, ich hatte meinen Koffer immer noch nicht zurückbekommen – man sollte ihn irgendwann später auf Hawaii finden –, und ich hatte nicht die geringste Ahnung, wie ich zu meinen Mitbrüdern kommen sollte. Das Einzige, was ich hatte, war die Adresse des Klosters und meine rudimentären Spanischkenntnisse. Mit beidem ging ich zu einem Polizisten, der mir tatsächlich half, ein Taxi zu finden, dessen Fahrer bereit war, mich zu fahren. Ich dankte dem Polizisten, stieg ein, und es ging los.

Aber nach einigen Minuten bemerkte ich, dass sich der Fahrer immer wieder zu mir umdrehte. Ständig. Plötzlich fuhr er von der Straße ab, hielt bei einer kleinen Polizeistation, stieg aus und kam nach einigen Minuten zurück. Weiter ging es – mit dem Weg und den verstohlenen Blicken. War es wirklich klug gewesen, bei Nacht rauszufahren? Hatte das sein müssen? Hätte ich nicht noch eine Nacht am Flughafen in Bogota bleiben können? Viel mehr Ahnung, wie ich zu Kloster kommen könnte, hätte ich am Morgen auch nicht gehabt. Aber das Tageslicht macht die Ahnungslosigkeit etwas erträglicher.

Irgendwann, nach gut zwei Stunden, ruckelten wir durch einen kleinen Ort. Ein verlassenes Nest, das angeblich mein Ziel sein sollte. Hier? Alles war still und dunkel, niemand war zu sehen. Und hier sollte das Kloster sein? Wir fuhren weiter, eine Anhöhe hinauf, und ich hörte einen Hund bellen. Vor Hunden hatte ich schon immer Angst, das ist bis heute so. Na wunderbar, dachte ich. Und sagte: »Hier steige ich auf keinen Fall aus. Das kann es nicht sein.« Der Fahrer wollte mich aber loswerden und forderte mich wieder und wieder auf, endlich auszusteigen. Ich weigerte mich. Er drängte. Ich weigerte mich. Schließlich gab er nach, zuckelte wieder etwas weiter, bis wir plötzlich vor einem großen, schwarzen Etwas standen. Ich konnte grob Bögen erkennen: der Rohbau des Gästetrakts? Ich meinte, mich schwach daran zu erinnern, ich hatte sie in den Bauplänen gesehen. Doch da war keine Anschrift, nichts. Aber ein kleines Tor. Wir rollten langsam durch, und ich starrte in die Dunkelheit. Bis ich es sah, klein und rot: das Ewige Licht. Wir waren tatsächlich am Ziel. Ich ging auf das Kloster zu, und der Taxifahrer verschwand wieder in der Nacht. Geschafft. Dachte ich.

Ich klingelte, einmal, zweimal, und dachte mir: Das gibt's doch nicht. Endlich öffnete man mir, die Mitbrüder hatten schon alle geschlafen. Mir war es egal, ich war nur erleichtert, endlich und sicher angekommen zu sein. Später erzählte ich die Geschichte von meinem verdächtigen Fahrer, und meine Mitbrüder schmunzelten. Denn es stellte sich heraus, dass der Fahrer eine Genehmigung hatte holen müssen, um überhaupt nachts aufs Land fahren zu dürfen. Und der Grund, weshalb er sich immer umgedreht hatte, war ein ganz einfacher: Er hatte Angst gehabt. Vor mir! Er hatte gedacht, dass ich ihn überfallen wollte, dass ich zu den Rebellen gehörte oder etwas Böses im Schilde führen würde. Ich wiederum hatte so ziemlich das Gleiche befürchtet und deshalb die gesamte Fahrt über dieses flaue Gefühl im Magen gehabt.

Im Nachhinein kann ich darüber lachen. Aber dieses Abenteuer macht auch sehr deutlich, wie irrational Angst sein kann. In diesem Fall haben sich beide Seiten vor dem anderen gefürchtet oder sich zumindest unwohl gefühlt. Zur selben Zeit und ohne echten Grund. Das zeigt in meinen Augen, wie schnell sich die Angst hochschaukeln kann. Weil wir dem anderen nicht vertrauen, verhalten wir uns womöglich gerade so, dass uns der andere verdächtig findet. So wie ich wieder und wieder darauf beharrt habe, dass wir weiterfahren müssen, immer tiefer ins Hinterland hinein und damit ins Unbekannte und scheinbar Gefährliche. Kein Wunder, dass der Mann dachte, ich wollte ihn sonst wohin locken, und ein genaues Auge auf mich haben wollte. Ich wiederum fand sein ständiges Umdrehen und Nachgucken alarmierend, weil mir ja nie in den Sinn gekommen wäre, dass es der Taxifahrer war, der sich fürchtete. Diesen Teufelskreis der Angst zu durchbrechen, ist in meinen Augen eine der wichtigsten Aufgaben, egal ob in einer persönlichen Beziehung, und dauere sie nur so lang wie eine Taxifahrt, oder auf politischer und sozialer Ebene.

Was war denn der Kalte Krieg vor allem? Wie lautete sein Prinzip? Abschreckung, so nennt man es häufig. Das klingt nach einer aktiven Politik, und natürlich wurde immer wieder sehr aktiv aufgerüstet und sogar um die Wette gerüstet. Doch eigentlich war die Blockpolitik in ihrem Kern furchtbar passiv. In dem Sinne, dass eigentlich immer nur auf eine Angst reagiert wurde, auf die Angst vor einem Angriff oder vermutlich eher noch auf die Angst davor, ins Hintertreffen zu geraten, sei es in der Wirtschaft oder Wissenschaft, vor allem aber in der strategischen Verteilung der Welt. Der Kalte Krieg ist, politisch gesehen, ein wunderbares Beispiel dafür, was Angst bewirkt: Sie lässt uns erstarren. Wir stehen uns in Blöcken gegenüber, in menschlichen Eisblöcken auf der kleineren Ebene, und wir belauern und beäugen uns. Vorwärts geht nichts und rückwärts auch nicht, weil einerseits keiner seine Angst zugeben will, weil andererseits aber auch keiner mutig genug ist, einen Schritt vorwärts zu gehen. Im Falle des Kalten Kriegs dürfte dies noch unser Glück gewesen sein, die Grundmalaise bleibt allerdings.

Das Bild des Blocks und der Blockade bringt es für mich auf den Punkt. Eine Gesellschaft, die völlig verängstigt ist, ist wie paralysiert, eben blockiert. Das gilt auf jeder Ebene unseres Daseins. So wie es die politischen Blöcke zwischen Ost und West gab, so gibt es Blöcke im Büro, im Verein, in der Familie und in der Beziehung. Es gibt sogar Blöcke und Blockaden in uns selbst, in unserer Persönlichkeit. Das kann, auf objektiver Ebene, sehr unspektakulär sein. Auf subjektiver Ebene hingegen, für den Betroffenen selbst, ist solch eine Angst zumindest etwas Unangenehmes, Lähmendes. Ich selbst habe zum Beispiel noch immer vor jedem Vortrag Lampenfieber. Ich weiß nicht, wie viele Vorträge ich schon gehalten habe, aber das ändert nichts daran, dass ich auch heute noch innerlich zittere, bevor es losgeht. Oft mache ich dann etwas ganz Einfaches: Ich konzentriere mich, atme tief ein und spreche ein kurzes Gebet, um die rechten Worte zu finden. Wenige Augenblicke nur, aber das beruhigt und entkrampft. Das Gebet wirkt in dem Augenblick wie eine kleine Beruhigungspille. Es macht mir klar, dass eigentlich nichts schiefgehen kann. Und wenn doch, dann ist das auch nicht so schlimm. Das reicht meistens schon, um etwas ruhiger zu werden. Und wenn ich dann die ersten Worte gesprochen habe, wenn ich die Reaktionen der Menschen sehe, dann ist das Lampenfieber weg.

Ähnlich ist es, wenn ich als Musiker auftrete. So oft schon stand ich auf der Bühne, und trotzdem gibt es noch immer diese leichte Anspannung. Auch in dieser Situation reicht häufig ein kurzes Gebet, und sei es nur ein Stoßgebet aus wenigen Worten, und ich bin erleichtert und ruhiger. Das ist etwas, was ich gelernt habe: Wenn man kurz innehält, sich nicht von der Angst einfangen lässt, kann das manchmal schon reichen. Zumindest, um etwas Abstand zu bekommen. Denn das ist das Schlimmste an der Angst: Sie lässt uns den Überblick verlieren. Wir verhalten uns wirklich wie das berühmte Kaninchen vor der Schlange und sehen nur noch das, was uns Angst macht, und nicht mehr die Lösungen. Einen Schritt zurückzutreten, sei es mental oder wie bei mir im Gebet, hilft oft schon. Dann sieht man die Konturen des Problems genauer, und oft fällt einem auf, dass das Problem so groß doch gar nicht ist.

Wenn ich hier davon spreche, wie man sich von Ängsten befreit, dann meine ich keine Angststörungen. Ich bin weder Psychologe noch Psychiater, und ich bleibe bei meinen Leisten. Ich meine die kleinen und großen Ängste, die uns individuell oder kollektiv in der Gesellschaft prägen und von denen wir loskommen können und müssen. Manchmal allein und durch eigene Kraft, manchmal durch Hilfe anderer. Wie gesagt: Ich bin kein Psychologe. Doch an einem Schlüsselbegriff, der für unseren Umgang mit der Angst wichtig ist, kommt man nicht vorbei, er lautet: Resilienz. Der Begriff erlebte in den letzten Jahren eine gewisse Konjunktur, und das hat sicherlich auch damit zu tun, dass die Gesellschaft immer ängstlicher wird. Grob gesagt meint man mit Resilienz die Widerstandskraft, die einem Menschen innewohnt. Wie geht er mit Hindernissen um und wie mit Veränderungen? Wie nimmt jemand Krisen an, und wie stellt er sich Herausforderungen? Ist er angesichts von Problemen eher ängstlich-abwartend oder mutig-zupackend? Das gilt im übertragenen Sinne auch für die Gesellschaft. Wir brauchen heute eine neue, stärkere und größere Gesellschaftsresilienz, um mit den Herausforderungen fertig zu werden.

Dazu gehört ganz wesentlich ein Bewusstsein dafür, dass man diese innere Kraft überhaupt hat. Wer sich selbst für zu schwach hält, der schwächt sich. Der Glaube daran, über diese innere Kraft zu verfügen, hat jedoch nichts mit einer Überschätzung der eigenen Stärke zu tun. Vielmehr mit einem gesunden Selbstbewusstsein und der Überzeugung: Ich packe das. Das Fundament dieses Selbstbewusstseins wird oft schon in der Kindheit gelegt. Und zwar dadurch, dass das Kind mit Situationen konfrontiert wird, in denen es sich diese innere Kraft beweisen kann. Wer immer warm und kuschelig in Watte gepackt wurde, der wird es unter Umständen später schwer haben, wenn es mal rauer und kälter zugeht. Wer dagegen erlebt hat, wie es schwierig und eng wurde und er es trotzdem geschafft hat, und sei es mit Unterstützung der Eltern oder guter Freude, der baut kontinuierlich ein Selbstbewusstsein auf. Ich selbst bin ja von Natur aus kein besonders kräftig gebauter Mensch oder sehr athletisch. Aber ich habe eine gewisse Zähigkeit ererbt und ausgebildet, die mich durchhalten lässt. Zugleich habe ich in meinem Leben sehr viel Zuspruch und Zusammenhalt erfahren, was mich innerlich hat wachsen lassen. Zum Beispiel erinnere ich mich gut an meine Abiturzeit. Ich habe damals zwei meiner Mitschüler auf die Prüfungen vorbereitet. Die beiden waren eher schwach, und ich weiß nicht, ob sie es ohne Hilfe gepackt hätten. Doch wir als Klasse hatten den Stolz, alle aus unserer Klasse durchzubringen. Das war unser Selbstverständnis und unser Selbstbewusstsein. Ich habe also die beiden in Griechisch vorbereitet, was aber dazu führte, dass ich für meine eigene Vorbereitung keine Zeit mehr hatte. Toll, dachte ich. Und jetzt? Im Abitur kam genau der Griechischtext dran, den wir übersetzt hatten – beide sind durchgekommen und ich auch. Oder: Zu meiner Zeit gab es in unserem Schulbau noch keine Warmwasserheizung. Vor dem Abitur wurde bei uns mit einigen Bauarbeiten begonnen, was zu einigen Löchern in den Decken und Wänden führte. Und die haben wir natürlich genutzt und mit Ferngläsern die Lateinaufgaben ausgespäht. Auf einmal fiel so ein kleines Steinchen runter, und die Lehrer waren alarmiert. Wir haben uns schnell verdrückt und die Jüngeren hochgeschickt. Als die Lehrer hochkamen, fanden sie nur die Kleinen – und haben nichts geahnt. Am Ende waren wir alle gut vorbereitet, und, noch wichtiger: Wir haben erfahren, wie weit man gemeinsam kommt. Dass man gemeinsam wirklich stärker ist.

Das hört sich trivial an, ist aber eine der wichtigsten Erkenntnisse in meinem Leben. Wenn wir vor lauter Angst zu Einzelkämpfern werden, verlieren wir. Das beginnt bei der Erziehung. Es soll ja Kinder geben, die von Natur aus ängstlich sind. So nennen wir das wenigstens. Doch ich bin der festen Überzeugung, dass das nicht stimmt. Selbstbewusstsein, innere Stärke, Mut – all das hat viel mit Erziehung zu tun. Interessanterweise entwickeln manche Frauen und Männer auf ihrem Weg zum Dasein als Mutter oder Vater auf einmal bestimmte Ängste, obwohl sie vorher niemals ängstlich waren. Mit Sicherheit spielt hier die Biologie eine wichtige Rolle und die Tatsache, dass Angst auch ein Schutzmechanismus der Natur ist. Dass wir uns um unseren Nachwuchs sorgen, ist völlig normal. Wir müssen nur darauf achten, dass sich diese Sorge nicht in echte Angst verwandelt und sich, noch wichtiger, auf den Nachwuchs überträgt. Ich habe in meiner Zeit als Lehrer und Erzabt und sogar als Abtprimas immer wieder junge Leute erlebt, die mehr von den Ängsten und Sorgen ihrer Eltern geprägt waren als von den eigenen. Das hat mit verschiedenen Faktoren zu tun. Mit eigenen Erfahrungen, ganz oft. Mit Desinformation, auch nicht selten. Und, vor allem: mit Vertrauen und Zutrauen. Darüber möchte ich später noch mehr sagen. Doch hier schon einmal so viel: Wir müssen nicht nur Vertrauen in unsere eigene innere Stärke haben, sondern auch in die unserer Kinder, Freunde, Mitarbeiter und Mitbürger. Wenn ich selbst schlechte Erfahrungen gemacht habe, heißt das noch lange nicht, dass meinem Sohn etwas Ähnliches passiert. Wenn ich mich zum Beispiel in einem bestimmten Sport mehrmals verletzt habe, bedeutet das nicht zwingend, dass mein Sohn das gleiche Pech hat und dass es deshalb besser ist, wenn er nicht Tennis spielt oder Ski fährt. Weil ich bei der Aufnahmeprüfung für die Musikschule abgewiesen wurde oder auf dem Gymnasium durchgefallen bin, muss das noch gar nichts für meine Tochter bedeuten. Trauen wir unseren Kindern mehr zu! Das ist essenziell dafür, dass sie später nicht unsere Ängste auf sich laden. Sie werden schon genug mit ihren eigenen zu tun haben. Da brauchen sie nicht auch noch unsere. Prof. Dr. Silvia Schneider, Kinder- und Jugendpsychologin der Ruhr-Universität Bochum, vertritt dazu eine ganz interessante Meinung: »Lange Zeit haben Psychologen sich allein um die Ängste von Kindern gesorgt. Doch nun geraten auch die Mütter und Väter in den Blick. Inzwischen wissen wir: Viele psychische Störungen von Eltern oder Kindern sind das Ergebnis eines Prozesses zwischen beiden Seiten, der sich selbst verstärkt. … Die Übertragung geschieht oft auch über nonverbalen Signale, etwa die Höhe der Stimmlage oder die Anspannung des Körpers. Kinder nehmen sehr genau wahr, in welcher Gemütslage sich der andere befindet. Wenn sie etwas Neues ausprobieren wollen, prüfen sie etwa durch kurzen Blickkontakt, ob Mutter oder Vater entspannt sind. Das gibt ihnen die Bestätigung, auf dem richtigen Weg zu sein.«

Die Bestätigung, auf dem richtigen Weg zu sein, ist unverzichtbar. In der Erziehung, aber auch in so vielen anderen Bereichen: ob nun im Job, in der Freundschaft, im Sport oder in einem anderen Hobby. Wir müssen wieder mehr eine Schulterklopf-Gesellschaft werden. Nicht im einschmeichelnden Sinne, wie man das oft missversteht. Nein, in einem motivierenden Sinne. Einfach zeigen: Das passt so, das ist gut so, wie du das machst. Das ist der richtige Weg, weiter so. So etwas braucht jeder, selbst der bestbezahlte Manager. Ich habe so viele Vorträge und Seminare für Manager oder andere Führungskräfte gehalten, und immer wieder habe ich erlebt: Jeder braucht diese Gesten, unabhängig vom Bankkonto oder dem Auto oder Swimmingpool. Das macht Mut, auch Widerstände zu überwinden. An etwas zu glauben, an ein Ziel oder an den anderen und ihm das zu zeigen. Zu unserer Gemeinschaft gehört seit einigen Jahren das Kloster Agbang in Togo, im Norden des Landes. Es wurde 1988 als kirchliches Ordenshaus anerkannt, nachdem sich um unseren Mitbruder Boniface in den 1980er-Jahren eine Gruppe junger Männer versammelt hatte. 1991 erfolgte die Aufnahme in die Benediktiner-Kongregation von St. Ottilien. Der Beginn war nicht einfach. Es fehlte an vielem und manchmal auch an der Gewissheit, es überhaupt zu schaffen, die Gemeinschaft aufzubauen und auch in den wirtschaftlich und politisch nicht einfachen Umständen als Kloster zu überleben oder als Gemeinschaft gar zu wachsen. Doch vor kurzem wurde das Kloster zur Abtei erhoben. Ich habe daraufhin dem Gründer geschrieben, um ihm zu gratulieren. Er ist derzeit Studienpräfekt in Nairobi, und er schrieb mir zurück und sagte: »Notker, wenn du 1988 nicht gewesen wärest und uns gezeigt hättest, dass du an uns glaubst, dann wären wir jetzt keine Abtei. Damals wurde so viel hinter deinem Rücken gelästert, gab es so viele Zweifler, aber du hast uns immer wieder dein Vertrauen in uns spüren lassen. Das werden wir dir nicht vergessen.«

Diese Zeilen haben mich sehr berührt und mir klargemacht, wie wichtig diese Ermutigung ist. Genauso ist es übrigens umgekehrt: Wenn es einmal schiefgeht, geht es eben schief. Das gehört zum Leben dazu. Selbst die großen Heiligen des Christentums sind Profis im Scheitern. Mein Gott, wer hätte denn geglaubt, dass dieser Mönch Benedikt einmal »Vater Europas« wird und einen der größten Orden der Welt gründet. Dieser Einsiedler, der sich in einer Höhle verkrochen hatte und dem das Leben nichts mehr zu sagen hatte. Bis plötzlich Gott den Ortspfarrer rief und ihn mit etwas Essen zu Benedikt schickte – auch eine Form von Ermutigung. Oder Ignatius von Loyola, der als Krüppel auf einem Schloss lag, mit seinen Träumen in Scherben, und der später den Orden der Jesuiten gründete. Und eine Teresa von Avila, die sich als Frau durchgesetzt und auch von unzähligen Anschuldigungen und Rückschlägen nicht hat entmutigen lassen. Scheitern ist menschlich – und christlich. Aber aufgeben und sich in seiner Angst eingraben, das ist nicht christlich. Das müssen wir uns selbst immer wieder sagen, und das müssen andere auch manchmal zu uns sagen. Die Welt geht nicht unter, wenn wir versagen oder etwas nicht erreichen, weil es diesmal womöglich nicht sein sollte, weil wir vielleicht nicht genug investiert oder weil wir, auch das kommt vor, einfach mal einen schlechten Tag hatten. Da war zum Beispiel dieser Schüler bei einer Abiturfeier in St. Ottilien. Ein richtig, richtig talentierter Schüler. Er sollte vor der gesamten Schulgemeinschaft ein herrliches Solo spielen. Und er hatte definitiv die Fähigkeit dazu und sicher auch genug geübt. Doch irgendwie ging es daneben. Später, nach der Feier, ging ich von der Schule rüber zum Kloster. Dabei kam ich am Internat vorbei, vor dem ein großer, geteerter Platz liegt. Die Schüler kickten da immer, mit Toren aus Schulranzen oder Pullis. Um die Zeit war aber keiner da, nur ganz in der Ecke, bei den Büschen, saß jemand. Saß da und weinte bitterlich – es war der Solist von vorher. Ich ging zu ihm, und wir redeten. Ich erzählte von meinen musikalischen Fehlschlägen und sagte: »Komm, ist nicht so schlimm. Das tut jetzt weh und das darf es auch. Aber was soll's, die Welt geht davon nicht unter. Du wirst noch oft genug tolle Soli haben. Ganz sicher.« Jahre später erhielt ich einen Brief. Absender war der Vater dieses Schülers, der mir sinngemäß schrieb: Sie wissen vermutlich gar nicht, was Sie damals getan haben. Sie haben meinem Sohn ein Stück weit das Leben gerettet. Durch Sie hat er wieder Selbstvertrauen bekommen, angefangen zu studieren und seinen Weg gemacht.

Das ist unsere Aufgabe: Wir müssen die Existenzangst abbauen und die Angst vor dem Scheitern. Wenn jemand mit einer schlechten Note oder mit schlechten Zeugnissen heimkommt und man merkt, dass er sich schämt, dass er Angst hat, warum dann noch einmal dreinschlagen? Wir müssen ehrlich sein und sagen: Hör zu, vielleicht hast du nicht genug getan.

Das gehört auch dazu. Was aber nicht dazugehört, ist, den eigenen Ärger an der Angst des anderen abzureagieren. So wie wir das derzeit in unserer Gesellschaft tun. Wenn jemand Mist baut, muss es Konsequenzen geben. Aber das darf nie zu seiner kompletten Verurteilung als Mensch führen. Selbst wenn wir jemanden dafür bestrafen, dass er Gesetze gebrochen hat, selbst wenn wir sagen müssen: »Du kannst hier nicht bleiben, weil du offensichtlich nicht das bringen möchtest, was bei uns nötig ist«, dann ist das kein Verdammen des anderen als Mensch, als Kind Gottes. Bestrafen, ja. Verdammen, nein.

Diese Haltung ist zum Beispiel in der Debatte nach den erschreckenden Ereignissen der Kölner Silvesternacht häufig einfach über den Haufen geschmissen worden. Besonders beschämend war eine grundsätzlichere Einlassung, die der CSU-Generalsekretär Andreas Scheuer einige Zeit später verlauten ließ: »Entschuldigen S' die Sprache, das Schlimmste ist ein fußballspielender, ministrierender Senegalese, der über drei Jahre da ist – weil den wirst du nie wieder abschieben. Aber für den ist das Asylrecht nicht gemacht, sondern der ist Wirtschaftsflüchtling.« Das Zitat wurde zunächst nicht korrekt zitiert. Doch auch in dieser Form ist das Zitat peinlich und menschenverachtend genug. Wer so redet, der zündelt, und zwar mit den Ängsten und Vorurteilen der Menschen. Im Kapitel über das Ernstnehmen der Ängste haben wir die Angst vor dem Fremden als eine unserer Urängste schlechthin kennengelernt. Derzeit scheint es so, als sei sie nicht nur eine Urangst, sondern sogar die Angst überhaupt. Wie aber kann man ihr begegnen? Durch Begegnung. Der Dialog mit anderen Menschen von unterschiedlichen Nationen, Kulturen und Religionen hat mein Leben entscheidend geprägt. Und er hat mir gezeigt: Nur der Dialog mit Menschen aus anderen Kontexten zeigt uns, wie unnötig die Xenophobie ist. An dieser Stelle ist eine andere Einlassung von Angstforscher Borwin Bandelow interessant, der sagt: »Wenn ich eine Angsttherapie mache, wird immer empfohlen, sich mit der Angst auseinanderzusetzen. Wer Angst vor Hunden hat, muss mit Hunden spazieren gehen. Wer Angst vor Fahrstühlen hat, muss Fahrstuhl fahren. Nach hundert Versuchen ist klar: Es passiert nichts. Genauso ist das, wenn man mehr Kontakt mit Fremden hat. Das erklärt, warum in Gebieten mit besonders wenigen Ausländern die Angst vor ihnen größer ist. Das gilt für ländliche Gebiete im Osten ebenso wie im Westen. Die Antwort ist also Begegnung, um Vorbehalte abzubauen.« Anders gesagt: Wo die Angst ist, da geht's lang.

Begegnung ist in diesen Tagen vielleicht die erste Bürgerpflicht. Das kann auch frustrieren – was ich gar nicht leugnen will. Ich finde es auch unanständig und gerate in einen heiligen Zorn, wenn ich mitbekomme, wie die Nächstenliebe und Hilfsbereitschaft, die wir in den zurückliegenden Monaten ja mindestens genauso viel erlebt haben wie die Angstbekundungen, ausgenutzt und mit Füßen getreten werden. Das ist unanständig gegenüber den Hilfsbereiten, und es ist unanständig den Hilfsbedürftigen gegenüber, die sich anständig benehmen und auf Hilfe angewiesen sind. Enttäuschungen gehören, leider, zu Dialog und Begegnung dazu. Deswegen auf Dialog und Begegnung zu verzichten, ist dennoch keine Option. Dass wir Dialog brauchen, dürfte inzwischen jedem klar sein. Außerdem werden diese Enttäuschungen aufgewogen durch Erfahrungen, die zutiefst bereichern – und die vor allem die beste Vorsorge gegen Angst gegenüber dem Fremden, dem Unbekannten schlechthin sind.

Die Angst vor dem Unbekannten ist eng mit dem verknüpft, die namenlose Angst hat viel mit dem zu tun, was für viele Formen von Angst überhaupt bezeichnend ist: die Angst vor dem Kontrollverlust. Das erleben wir ständig. Wer anfängt, sich in der Achterbahn wirklich zu fürchten, der hat Angst, dass das kleine Wägelchen aus der Spur gerät, abstürzt und er nichts dagegen tun kann. Wer plötzlich Angst im Beruf bekommt, der hat zum Beispiel das Gefühl, dass ihm die Aufgaben über den Kopf wachsen und er nicht mehr die Zahlen kontrolliert, sondern die Zahlen ihn. Dass ihm im wahrsten Sinne des Wortes die ganze Angelegenheit aus den Händen gleitet, er also nicht mehr fest zupacken kann, nichts mehr im Griff hat. Mit der gesellschaftlichen Angst verhält es sich exakt genauso. Wir haben das Gefühl, dass wir unser Land und unser Leben nicht mehr im Griff haben. Einmal davon abgesehen, dass wir das ohnehin nie komplett hatten und nicht haben werden: Die Angst vor dem Verlust der Kontrolle über das, was unsere Gesellschaft ausmacht, die Angst, von der »Einwanderungswelle überrollt« zu werden, wird immer stärker und ist eine der größten Bedrohungen für unser Zusammenleben. Eben weil wir zu Blöcken werden, emotional und auf individueller Ebene, politisch und auf kollektiver oder Gruppenebene.

Für die Angst vor dem Kontrollverlust gibt es ein schönes Beispiel, das jeder kennt: Wir laufen irgendwo durch einen Gang in einem fremden Haus. Manchmal muss es nicht einmal ein fremdes Haus sein, aber sagen wir einmal, es wäre so. Auf einmal geht das automatische Licht aus. Was passiert? Oft wird der Atem schneller, die Arme werden nach vorne und zur Seite ausgestreckt, und wir fühlen uns durch und durch unwohl. Wir haben die Orientierung verloren, und in uns wächst das Gefühl, uns jederzeit an einer Mauer den Kopf anschlagen zu können. Eine banale Situation, die aber doch so furchtbar sein kann. Wie besiege ich diese Angst? Indem ich mich neu orientiere. Das macht jeder ganz automatisch. Zunächst einmal machen wir langsamere Schritte. Wir beginnen zu tasten, seitlich und vor uns. Und wir versuchen, uns an Türen zu erinnern, an Wasserrohre, Geländer oder andere markante Sachen. Am besten: Wir versuchen einen Lichtschalter zu finden. Oder, noch besser: Heutzutage schalten wir das Handydisplay an und machen das Licht an. Und sofort ist die Orientierung wieder da und die Angst weg.

Genau so müssen wir es wieder in unserem Leben machen. Schalten wir das Licht wieder an! Suchen wir nach dem Lichtschalter oder zumindest dem Handydisplay oder meinetwegen auch der Taschenlampe. Über Lichtschalter, Handy und Taschenlampe, über die Lichter, die uns Orientierung geben und uns Hoffnung machen, werden wir später noch viel hören. Hier aber noch einmal: Machen wir erst einmal langsamere Schritte. Es ist auch völlig in Ordnung, sich zunächst hinzusetzen. Wenn ich beispielsweise bei uns im Kloster nachts auf der Treppe war und plötzlich das Licht ausging, dann habe ich mich manchmal einfach kurz hingesetzt und gewartet. Durchgeatmet und gewartet, und sei es nur ein Minütchen. Das ist doch völlig in Ordnung. Jeder, in seinem privaten wie gesellschaftlichen Leben, hat das Recht, sich kurz hinzusetzen, wenn das Licht ausgeht. Es gibt nichts Unangemesseneres, als vor lauter Angst genau dann loszurennen. Als ob man vor der Angst wegrennen könnte. Mutig ist derjenige, der sich der Angst stellt, nicht aber derjenige, der versucht, vor ihr wegzurennen. Das geht nicht und endet höchstens mit einer blutigen Nase, einem blauen Auge oder einer fetten Beule.

Wählen wir die Schritte mit Bedacht. Wenn es dunkel ist, wenn wir keine Orientierung haben, dann setzen wir einen Fuß vor den anderen. Es wird immer Zeiten geben, in denen wir nicht ganz so schnell vorankommen, wie wir das wollen. Das gehört zum Leben dazu. Aber immer noch besser, als zu stolpern oder nur noch an Mauern zu stoßen. Greifen wir nach dem Geländer, das uns leitet. In der Politik sind das unsere Verfassung und unsere Grundwerte. Halten wir uns an die, das ist ein stabiles Geländer. In unserem Leben gibt es wiederum viele andere Geländer: Freunde und Familie. Oder auch der Glaube, egal ob ein christlicher, muslimischer oder buddhistischer. Der Glaube als Geländer ist vielleicht am wichtigsten, gerade in Zeiten der Orientierungslosigkeit. Nicht ohne Grund sagt Jesus, dass er der Weg und die Wahrheit und das Leben sei. Die Bibel ist voll von Geschichten davon, dass das Volk Israel ohne Orientierung ist, dass es nicht weiß, wohin es sich wenden soll. Wie es beispielsweise bei 2. Mose 13,21–22 über den Auszug aus Ägypten heißt: »Der Herr zog vor ihnen her, bei Tag in einer Wolkensäule, um ihnen den Weg zu zeigen, bei Nacht in einer Feuersäule, um ihnen zu leuchten, damit sie bei Tag und Nacht wandern konnten. Nicht wich die Wolkensäule bei Tag und die Feuersäule bei Nacht von der Spitze des Volkes.«

Wenn wir glauben, ist es oft leichter, dieses Geländer zu finden, die Wolken- und die Feuersäule zu sehen. Doch jeder von uns muss nach dem Lichtschalter tasten. Meistens ist er viel näher, als es uns in der Dunkelheit vorkommt. Das ist ja das Gemeine und Trügerische an der Finsternis: Nichts ist tiefer und weiter. Ein Gang von drei Metern oder eine Treppe von zehn Stufen kommt uns plötzlich wie die Ewigkeit und Unendlichkeit vor. Doch so ist es nicht. Es sind eben nur drei

Meter und zehn Stufen und oft nicht einmal eine Minute bis zum Geländer oder gar zum Lichtschalter. Er ist viel näher, als wir denken. Aber wir müssen langsam vorwärts und nach ihm tasten. Jeder für sich und alle gemeinsam. Denn manchmal, da passiert noch etwas ganz anderes: Die Tür zum Gang oder der Treppenhaus öffnet sich, ein Strahl dringt herein, und plötzlich geht das Licht an. Weil jemand anders hereingekommen ist und das Licht angemacht hat. Ob mit Absicht oder unabsichtlich, das ist dann völlig egal. Hauptsache: Licht an und Schluss mit der Angst!

Mutbürger statt Wutbürger

Seit einiger Zeit geistert eine merkwürdige Gestalt durch unsere Zeitungen, Talkshows und Diskussionen, eine Gestalt, mit der ich meine Probleme habe: der Wutbürger. Aber »geistern« ist wahrscheinlich gar nicht das richtige Wort, denn der Wutbürger ist weder ein Geist noch ein Gespenst, sondern sehr real. Er ist einer, der die Schnauze voll hat von Politik und Wirtschaft und überhaupt, er ist einer, der es »denen da oben« zeigen will. Um das zu tun, geht er im besten Fall raus auf die Straße und protestiert, wie zum Beispiel vor ein paar Jahren bei Stuttgart 21. Doch wenn ihn zwar die Wut gepackt hat, ihm aber der Mut fehlt, dann tobt er sich statt auf der Straße lieber im Internet aus, mit Kommentaren und Kampagnen und was weiß ich noch. Und das kann er ja tun. Jeder kann und darf das, das ist jedermanns gutes Recht, und manchmal wirkt es sich ja auch ganz heilsam aus. Denn jeder muss irgendwann einfach mal Dampf ablassen, ich auch. Was meinen Sie, wie oft mir das so gegangen ist. Beispiele könnte ich erzählen, unzählige, allein über die Bürokratie in meiner alten Heimat Rom und Italien. Wer da nicht wütend wird, der wird es wohl nie, der ist wirklich selig und einer der Sanftmütigen. Wenn ich nur daran denke, welche und wie viele Schleifen wir drehen mussten, um die zahlreichen Bauvorhaben hier in Sant'Anselmo durchzubekommen, da wird mir ganz anders. Ich bin in der Hinsicht sicher einiges gewöhnt. Aber manchmal packt mich der Zorn, der heilige Zorn, wie es so schön heißt, und dann haue ich auch auf den Tisch. Alles lasse ich nicht mit mir machen, schon gar nicht von irgendeinem Beamten in irgendeiner verschlafenen italienischen Baubehörde, wenn beispielsweise die Genehmigung für das Fällen einer halbmorschen Zypresse fünf Monate dauert.

Wut oder der Zorn, das sind Gefühle, die man haben darf und die man nicht zu unterdrücken braucht. Dafür sind wir Menschen, dafür haben wir Emotionen, und wenn uns mal etwas so richtig stinkt, dann muss es halt raus. Nur: Es gibt ein gewisses Maß, das man nicht überschreiten sollte. Jemand, dem immer alles stinkt, der nur noch sauer und wütend ist, dem man nichts mehr recht machen kann und der vielleicht seine Wut gar nicht erklären kann, der hat nicht nur ein Problem, er ist auch eines. Ein Problem für seine Umwelt, weil man mit so einem Menschen kaum mehr etwas anfangen kann. Heiliger Zorn, schön und gut, aber irgendwann muss man doch auch wieder herunterkommen, irgendwann muss man sachlich diskutieren, denn sonst ist man vielleicht immer wütend, aber es ändert sich nichts. Denn Wut allein schafft nichts Neues. Ein Wutbürger ist deshalb noch kein Gutbürger. Gut in dem Sinne, dass man Sachen voranbringt, dass man Gesellschaft gestaltet, dass man selbst tätig wird und nicht nur über andere Menschen schimpft.

Es gibt aber nicht nur den Wutbürger, sondern auch den Wutpater. Wie oft bin ich in Klöster gekommen, sei es nun in Afrika oder in Nordamerika, in kleine oder große, um mit folgender Situation konfrontiert zu werden: Die Patres vor Ort wollten mich unbedingt sprechen. Dieses oder jenes, meinten sie völlig aufgeregt, gehe ja gar nicht, das sei schlichtweg unzumutbar – so oder so ähnlich. Richtig in Rage konnten sie sich reden, und je mehr Patres mit der Zeit versammelt waren, umso geringer waren die Chancen, dass das Gespräch noch konstruktiv werden konnte. Ich habe immer versucht, diese Wut zu verstehen. Oft hing sie mit untergründigen Ängsten zusammen, berechtigten und sehr oft auch unberechtigten oder zumindest unbegründeten. Doch so unbegründet manche dieser Wutausbrüche auch waren, glaube ich dennoch nicht, dass man gut daran tut, die Wut einfach zu ignorieren. Wie mit einem kleinen Kind, das man plärren lässt, weil man weiß, irgendwann bekommt es einen roten Kopf und keine Luft mehr und hört auf. So kann man nicht miteinander umgehen. Ich habe also zugehört, nachgefragt, manchmal auch versucht zu beschwichtigen. Allerdings habe ich mich auch bestimmten Aussagen gegenüber verwehrt, denn nicht alles, was gedacht wird, muss und darf auch gesagt werden. Es gibt Dinge, die sagt man nicht einmal in der größten Wut. Das Zuhören aber war mir wichtig. Den anderen ernst nehmen, das musste sein. Doch danach habe ich sehr oft gefragt: Ihr regt euch darüber oder darüber auf. Aber was wollt ihr stattdessen, und wie wollt ihr die Lage ändern? Beschwert ihr euch nur, oder macht ihr euch auch Gedanken, warum etwas so ist und wie es anders sein könnte? Seid ihr nur mit eurer Wut beschäftigt oder auch mit Lösungen? Und so simpel und banal das klingen mag: Allein dieses Nachfragen und die gemeinsame Diskussion darüber halfen schon. Denn Wut hat sehr oft etwas mit Hilflosigkeit und Ohnmacht zu tun. Sie entsteht aus dem Gefühl, dass mir etwas widerfährt, für das ich entweder nichts kann oder das ich nicht mag und das ich vor allem nicht ändern kann. Die Wut ist eine Reaktion auf die Überforderung des Menschen. Nur dass diese Überforderung meistens gar nicht so fordernd ist, sondern lediglich so empfunden wird. In dem Augenblick, in dem wir über Lösungen nachdachten und eventuell sogar Wege fanden, wichen Ohnmacht und Hilflosigkeit und damit auch ein Stück die Wut. Ich weiß, das funktioniert nicht immer. Und man sollte auch nicht alles schönreden. Gerade in Ländern, in denen keine Religionsfreiheit herrscht, in denen wir Gemeinschaften unter schwierigsten Bedingungen aufgebaut haben, bleibt oft nichts anderes als eine gewisse Hilflosigkeit und der heilige Zorn über diese Bedingungen. Weit öfter aber habe ich den anderen Fall erlebt.

Wutbürger haben also durchaus das Recht, wütend zu sein. Ich finde es auch richtig, dass man seinen Ärger artikuliert. Das brave Daheimsitzen und alles hinnehmen, was einem vorgesetzt wird, war nie meine Sache. Nur wird es schwierig, wenn ich vor lauter Wut nichts mehr anderes wahrnehme. Wir kennen ja die schöne Redensart, dass jemand rotsieht. Dabei denkt man an den Stier, der auf einmal blind wird vor Raserei. Der nur noch sein eigenes Schnauben hört und sonst nichts mehr. Wenn wir rotsehen, wenn wir nur noch unser Geschimpfe oder unsere Trillerpfeifen hören, dann wird die Wut problematisch. Damit ist jede Kommunikation unmöglich geworden – mit einem wütenden Stier würde ich auch weniger gerne diskutieren. Und so ist das auch bei jemandem, der nur noch Wutbürger ist.

Den Begriff »Wutbürger« hat der *Spiegel*-Journalist Dirk Kurbjuweit geprägt. Er begann seinen gleichnamigen Essay 2010 so: »Eine neue Gestalt macht sich wichtig in der deutschen Gesellschaft: Das ist der Wutbürger. Er bricht mit der bürgerlichen Tradition, dass zur politischen Mitte auch eine innere Mitte gehört, also Gelassenheit, Contenance. Der Wutbürger buht, schreit, hasst. Er ist konservativ, wohlhabend und nicht mehr jung. Früher war er staatstragend, jetzt ist er zutiefst empört über die Politiker. Er zeigt sich bei Veranstaltungen mit Thilo Sarrazin und bei Demonstrationen gegen das Bahnhofsprojekt Stuttgart 21.«

Inzwischen sehen wir die Wutbürger überall. Am leichtesten findet man sie auf Internetportalen und in den Kommentarspalten. Aus Wut wird dort Hass und aus Kommentieren Geifern. Die Wutbürger marschieren aber nicht nur auf der Datenautobahn, sondern auch den Straßen in unseren Städten, und das nicht nur in Dresden oder Leipzig. In München war jeden Montag der Verkehr vor dem Odeonsplatz und der Feldherrnhalle lahmgelegt, für einige wenige Krakeeler. Absurd. Wie gesagt: Man darf ruhig einmal den Mund aufmachen. Und man darf nicht nur, man soll sich auch empören. Aber nur empören und wieder empören, das reicht nicht. Ich muss irgendwann auch liefern. Wenn ich mir die Programme von den selbsternannten Protestparteien angucke, frage ich mich ganz ehrlich: Was soll das sein? Was wollen die damit bewegen? Beispiele gibt es noch und nöcher. In Rom habe ich hautnah miterlebt, wie zuerst Silvio Berlusconi die Menschen über Jahre hinweg an der Nase herumführte – und wie sich diese Menschen gerne an der Nase herumführen ließen. Da war kein Plan, keine Vision, da war gar nichts. Es ging nur um die Macht und den persönlichen Vorteil, und das war es. Um das zu erreichen, wurden Ressentiments, Vorurteile und vor allem Enttäuschungen geschürt, benutzt oder sogar erst heraufgerufen. Dabei wurde gegen Minderheiten gehetzt, denn gegen die hat man es einfach. Wie beim Außenseiter im Schulhof, den sowieso keiner mag. An dem sich zu vergreifen, sich an ihm abzuarbeiten, das machen die Wütenden und Feigen, nicht die Mutigen und Aufrechten.

Zusammen mit Berlusconi machte die unselige Lega Nord Politik, Klientelpolitik im wahrsten Sinne des Wortes, wobei ihre Klientel nicht etwa alle Italiener waren, sondern nur bestimmte Gruppen und vor allem: Norditaliener. Danach kam Beppe Grillo, ein Komiker, dessen Einfluss auf die Politik gar nicht komisch ist. Sein Movimento 5 Stelle (Fünf-Sterne-Bewegung) ist so erfolgreich, dass ich sogar kurz vor meiner Abreise aus Rom miterleben musste, wie eine Grillo-Anhängerin neue Bürgermeisterin wurde – in Rom, einer der ältesten und berühmtesten Städte der Welt. Es war die Frustration der Bevölkerung über die Unfähigkeit der etablierten Parteien, zu einer geordneten Verwaltung zu gelangen und das mafiöse Gebaren bei der Vergabe von Projekten auszuschalten. Auf konkrete Verbesserungen durch die Bürgermeisterin Virginia Raggi warten die Römer allerdings bislang vergebens.

Klar, italienische Verhältnisse, könnte man sagen und damit alles ganz schnell abtun. Aber überall in Europa passiert ja im Moment das Gleiche. Der Brexit in Großbritannien oder der Front National in Frankreich sind nur zwei Beispiele, ich könnte noch viele mehr nennen. Und auch bei uns in Deutschland scheinen sich die italienischen Verhältnisse breitmachen zu wollen. Schauen wir doch einmal hinein ins Programm der AfD. AfD – allein der Name ist eine Anmaßung. Welche Alternative soll das bitte sein? Eine Alternative, die vor allem aus Verschärfungen und Regulierungen besteht: Jugendliche Täter schon ab zwölf Jahren wegsperren, alkoholkranke Straftäter direkt in spezielle Sicherheitsverwahrungen und nicht in Therapie? Aber auch ganz andere Sachen sind zu finden, wie beispielsweise diese Formulierung aus dem Programm der AfD zeigt: »Wir wollen keine ideologisch motivierte Inklusion ›um jeden Preis‹. Die AfD setzt sich für den Erhalt der Förder- und Sonderschulen ein.« Oder: »Die AfD lehnt Geschlechterquoten im Studium oder in der Arbeitswelt generell ab, da Quoten leistungsfeindlich und ungerecht sind und andere Benachteiligungen schaffen.« Und natürlich wird gefordert: »Vollständige Schließung der EU-Außengrenzen.«

Ein solches Deutschland wäre nicht mehr das Deutschland, das ich kenne, es wäre nicht mehr Teil des christlichen Abendlandes, nicht mehr das Land, das ich liebe, das meine Heimat ist. Es wäre ein Deutschland, das einer Festung nach außen und einem Gefängnis nach innen gleicht. Hier wird ein Prinzip deutlich: Wut geht immer zu Lasten der Freiheit. Wer wütend ist, ist selbst nicht frei, sondern lässt sich komplett durch die Wut beherrschen. Der wütende Stier kann gar nicht anders, als auf den Gegner zuzurennen, selbst wenn er dadurch in sein Verderben stürmt. Wer wütend ist, ist innerlich unfrei. Zugleich akzeptiert der Wütende und Ängstliche, dass seine Freiheit für eine angebliche Sicherheit von außen begrenzt und massiv eingeschränkt wird. Das beste Beispiel sind die Gesetze, die nach dem Terroranschlag vom 11. September 2001 in Amerika erlassen wurden. Und nicht nur erlassen und erduldet, sondern in weiten Teilen der Gesellschaft sogar begrüßt oder bejubelt. Wut und die Sehnsucht nach Vergeltung, nach Revanche mündeten in einer selbstverschuldeten Unfreiheit und Unmündigkeit. Sie bilden sozusagen den Anti-Kant für das 21. Jahrhundert. Deshalb ist der Wutbürger ein unfreier Bürger und eigentlich gar kein Bürger mehr, zumindest nicht im Sinne eines mündigen, abwägenden, diskussionsfähigen Bürgers.

Mit der Wut verhält es sich wie mit der Angst – kein Wunder, die Wut ist ja nicht selten ein Produkt der Angst –, und das ist wichtig für den Umgang mit ihr. Wir dürfen es uns nicht zu einfach machen und die Wutbürger kurzerhand verteufeln und sie alle als fremdenfeindlich, rechtsradikal oder was auch immer abstempeln. Das wird nicht nur ihnen nicht gerecht, sondern auch nicht uns. Denn die Wut hat ja nicht selten Ursachen, die tatsächlich existieren: die wachsende Ungleichheit, die Angst um den Verlust der wirtschaftlichen Stabilität und eine enorme Unzufriedenheit mit den politischen Verhältnissen. Vor allem das Gefühl, die Eliten würden ihr eigenes Leben führen, ohne Rücksicht auf den »kleinen Mann«, sie würden nur mit Blick auf den eigenen Vorteil das Land gestalten und verwalten, dieses Gefühl ist ausgeprägt. Das heißt, dass die Wut ernst genommen werden muss und dass es an der Politik, aber auch gerade an den Kirchen ist, sich darum zu kümmern. Joachim Klose und Werner J. Patzelt haben recht, wenn sie in dem Beitrag »Was ist so schlimm am Rechtspopulismus? Pegida, AfD und die Folgen« fordern: »Ernst nehmen, was an Sorgen und Anliegen hinter den – nicht selten ungehobelten und missratenen – Aussagen von Rechtspopulisten steht. Auch politische Gegner nicht verteufeln. Dabei keine Forderungen durchgehen lassen, die sich gegen unsere freiheitliche demokratische Grundordnung, Minderheiten, Eingewanderte oder Ausländer richten. Demonstrieren für die Werte unserer offenen Gesellschaft, auch auf der Straße. Rechtzeitig vor Ort mit den Bürgern über Unterkünfte und Integrationsmöglichkeiten für Zuwanderer sprechen. Und in einem bundesweiten, offenen Diskurs tragfähige Grundzüge einer nachhaltigen Einwanderungs- und Integrationspolitik entwickeln.«

Doch jetzt soll Schluss sein mit der Wut. Nicht dass es noch so weit kommt, dass allein das Nennen des Wortes mich wütend macht. Nur so viel noch: Ein Deutschland, das nur aus Wutbürgern besteht, das wäre nicht mehr mein Deutschland.

Statt Wutbürgern wünsche ich mir Mutbürger. Sicher, der Begriff »Mutbürger« ist inzwischen auch ein wenig belastet und wird von manchen rechtsgesinnten Gruppen vereinnahmt, das weiß ich. Ich habe aber einen anderen Mutbürger vor Augen. Für mich hat Mut sehr viel mit dem Herzen zu tun. Ein Blick in die anderen europäischen Sprachen zeigt, was ich meine: Im Englischen und Französischen spricht man, ist von Mut die Rede, von »courage«, im Italienischen heißt es »coraggio« und im Spanischen »coraje«. Zugrunde liegt diesen Begriffen jeweils der lateinische Ausdruck »cor«, »Herz«. Mut hat etwas mit dem Herzen zu tun. Drücken diese Sprachen das nicht wunderbar aus?

Auch unsere deutsche Sprache ist eine wunderbare. So lange habe ich in Italien gelebt, und jetzt bin ich wieder daheim. Daheim zu sein, bedeutet auch, wieder zu hören, wie mein geliebtes Bairisch um mich herum gesprochen wird. Dabei ist es egal, ob es jetzt in meinem Fall Bairisch ist oder eben Schwäbisch oder Platt oder ein anderer Dialekt. Heimat ist, hat Arno Geiger einmal gesagt, wo man einen versteht. Und hier, wenn ich mich Dialekt sprechen höre und selbst den anderen lausche, geht mir das Herz auf. Womit wir schon wieder beim Thema wären. Unser deutsches »Mut« trägt das Herz nicht ganz so offensichtlich im Wort, wie das bei den Italienern, Franzosen oder Spaniern der Fall sein mag. Aber wir haben für das Thema Wut und Mut ebenfalls wunderbare Bilder und Wendungen. Zum Beispiel sagen wir, dass man sich »ein Herz fasst«, wenn man etwas angeht, vor dem man ein klein bisschen Bammel hat. Oder man nimmt sein Herz in die Hand, wenn man zum Chef geht und um eine Gehaltserhöhung bittet. Man nimmt sein Herz auch in die Hand, wenn man es verschenken will und der langjährigen Freundin endlich den Heiratsantrag macht. Und man nimmt es in die Hand, wenn man jemanden treffen will, den man lange nicht gesehen hat. Man nimmt das Herz in die Hand und spürt richtig, wie es klopft, wenn man einen guten Freund um Verzeihung bittet, weil man gerade Mist gebaut hat. Oder wenn es genau andersherum ist: wenn man das Gespräch sucht, weil es einem nicht passt, dass der andere ständig das dreckige Geschirr stehen lässt. Oder dass die Kollegin manchmal etwas faul und noch dazu laut ist. Wenn man mit dem Bruder oder der Schwester Tacheles redet, weil man es nicht einsieht, dass immer nur man selbst bei den Eltern vorbeischaut und im Garten und Haus hilft. Man könnte auch motzen und meckern und irgendwann richtig wütend auf die unsensible Kollegin werden oder den unaufmerksamen Bruder, die undankbare Schwester. Dann kommt es vielleicht im wahrsten Sinne des Wortes einmal zum großen Knall, wenn man vor Wut platzt. Ob sich dadurch etwas ändert? Eher nicht. Eher verhärten sich noch die Fronten. Wenn ich aber stattdessen mein Herz in die Hand nehme und die Probleme anspreche, dann ist damit zwar noch keine Erfolgsgarantie verbunden. Aber eine erhöhte Erfolgswahrscheinlichkeit. Denn ich nehme das Herz nicht nur in die Hand, sondern spreche ehrlich und offen – ich trage das Herz auf der Zunge. Es geht schlicht darum, die Probleme wahrzunehmen und sie anzugehen. Und, das Gegenteil: Verschließt man sich, ist man verschlagen und hinterlistig, so macht man aus seinem Herzen eine Mördergrube. Mördergrube: Das zeigt, wie ernst es mit dem Herzen und dem Mut ist.

Das ist das Wichtige, glaube ich: Mutbürger müssen ihr Herz in die Hand nehmen und das Herz auf der Zunge tragen. Wir müssen Menschen sein, die keine Angst davor haben, andere zu kritisieren. Und gerade dann, wenn es sich bei diesen anderen um Leute handelt, die mir wirklich ans Herz gewachsen sind, fällt das schwer. Ingeborg Bachmann hat nicht ohne Grund gesagt, dass die Ehrlichkeit gegenüber dem Freund viel höher einzuschätzen sei und viel mehr Tapferkeit benötige, als die Ehrlichkeit gegenüber dem Feind. Und darauf kommt es an: Dass wir nicht zurückschrecken, uns ein Herz fassen und mit dem Herzen in der Hand und auf der Zunge auf andere zugehen. Ich erinnere mich zum Beispiel noch sehr gut an die Zeit, als ich als Erzabt von St. Ottilien einer kurdischen Familie Kirchenasyl gewährte. Die Familie Ömürlü, insgesamt achtköpfig, lebte seit 1989 in Deutschland. 1995 sollte die Familie plötzlich abgeschoben werden. Aber nicht mit uns! Angst hatte ich damals nicht, das wäre etwas übertrieben. Aber selbstverständlich ist einem in einer solchen Situation etwas mulmig zu Mute. Ich wusste, dass die Bayerische Staatsregierung und die zuständigen Behörden unser Handeln nicht einfach akzeptieren und ihre Beamten zu uns schicken würden. Und wer hat schon gerne Polizisten vor seiner Haustüre stehen, wer will schon gerne belagert werden? Tatsächlich wurde ein Verfahren gegen mich eingeleitet, wegen Missachtung der geltenden Gesetze. Das wusste ich vorher, doch dieses Risiko ging ich damals ein, und ich sagte: Da können wir nicht einfach zuschauen, den Menschen muss geholfen werden. Zugleich habe ich aber auch den Kontakt mit dem damaligen bayerischen Innenminister Günther Beckstein gesucht und angefangen, mit ihm zu verhandeln, ohne jegliche Publicity. Klar in meiner Aussage, dass ich nicht nachgeben und die Menschen ausliefern und damit im Stich lassen würde. Jedoch ohne Furor, ohne Wut, ohne herumzugeifern, schließlich wollte ich eine Lösung. Weniger für mich, sondern für die Familie, um die ging es ja. Es wurde sogar noch heikler, als der Revisionsantrag abgelehnt wurde. Wir behielten die Familie weiter bei uns, die Kinder wurden größer, der Mann arbeitete bei uns in der Klostergärtnerei. Doch irgendwann, nach Jahren, geschah es: Der Vater wurde bei einem Spaziergang verhaftet und in Untersuchungshaft genommen. Wir dachten, das sei es nun gewesen, und sahen den Vater bereits zurück in der Türkei. Doch wir hatten die Rechnung ohne den Amtsrichter gemacht, der ebenfalls keine Angst hatte. Er hob die Untersuchungshaft auf, Kirchenasyl sei kein hinreichender Grund dafür. Danach ging der Kampf mit den Behörden weiter und endete irgendwann mit einem Kompromiss, der für die Familie wunderbar war: Sie zogen nach Breslau, die Kinder schlossen dort die Schule ab, der älteste Sohn sogar als Jahrgangsbester. Bis heute besucht die Familie unser Kloster in St. Ottilien, sie sind so etwas wie Klosterfamilienmitglieder geworden. Ich erhielt ein paar Jahre später auch die Nachricht aus Augsburg, dass das Verfahren gegen mich eingestellt sei. Ich war erleichtert. Noch schöner aber sind die Nachrichten, die ich manchmal von den Kindern der Familie Ömürlü bekomme. Sie alle sind inzwischen voll integriert, manche haben geheiratet und gute Berufe. Und das Wichtigste: Trotz ihrer gelungenen Integration haben sie ihr Verständnis für ihre Herkunft und ihre Wurzeln nicht vergessen, sie haben ihre Identität bewahrt.

Das ist entscheidend: Identität ist vielleicht eines der besten Heilmittel gegen Angst. Dazu gehören unsere Werte, dazu gehört unser Gefühl für unsere Heimat. Wir sprechen nicht umsonst von »Heimatboden«. Das ist dort, wo wir unsere Wurzeln haben, wo wir unsere Nährstoffe herbekommen, wo wir uns festkrallen, wenn die Stürme der Zeit an uns reißen. Dieser Heimatboden, das ist die Mecklenburger Seenplatte und die Zeche Zollverein, das sind die Weinberge der Pfalz und die Gipfel des Erzgebirges, das sind die Biergärten Bayerns. Aber auch unsere Werte und unser Glauben sind unser Heimatboden, in dem wir uns festmachen – und den wir kennen müssen, den wir pflegen und bestellen müssen, damit wir darin wurzeln können. Damit meine ich keine leeren Symbole oder politisch motivierten Leitkulturpläne. Ich meine Werte und Glauben, die im Alltag sind und nicht irgendwo an einer Wand. Gelebte Werte bedeutet Handeln. Wir in St. Ottilien haben zum Beispiel ein Haus in unserer Abtei freigemacht und fünfundzwanzig Flüchtlinge aufgenommen. Dabei entstehen natürlich auch Probleme. Doch wir geben nicht auf. Und so sollten wir auch in unserer Gesellschaft nicht aufgeben: Lasst uns ein Herz fassen und uns mutig den Herausforderungen stellen! Natürlich kann es manchmal schiefgehen. Aber ich habe so viele brenzlige Situationen in meinem Leben erlebt und verspreche: Wenn wir mit dem Herzen dabei sind, wenn wir uns und damit unseren eigenen Mut nicht unterschätzen, dann ist sehr viel möglich, und wir werden überrascht sein, wie viel. Wir können mehr als wir glauben!

Dazu gehört auch, dass wir anderen etwas zumuten. Für mich ist das Verzärteln und Betutteln in der Kindererziehung auch ein Symbol für das, was bei uns Erwachsenen manchmal geschieht. Ich habe es schon einmal gesagt: Für das Leben gibt es keine Vollkaskoversicherung, keinen Rundumschutz. Trotzdem müssen wir uns etwas trauen, etwas zutrauen. Uns selbst und den anderen. Einem anderen etwas zuzumuten hat einen negativen Klang, aber für mich schwingt darin eben auch der Mut mit. Die Zumutung könnte auch positiv interpretiert werden, indem ich sage: Ich mute dir das jetzt zu, weil ich weiß, du schaffst das. Weil ich den Mut habe, dir zu vertrauen, dir und deinen Fähigkeiten. Das ist in der Erziehung, in der Schule, im Job und der Beziehung immer wieder das Gleiche. Und so ist es auch in der Gesellschaft. Muten wir doch uns selbst und uns gegenseitig wieder etwas zu! Kritik, wenn etwas nicht passt. Bei all den Schwierigkeiten in Bereichen wie der Integration – muten wir doch den anderen zu, dass sie es schaffen, sich zu integrieren und dabei die wesentlichen Grundvoraussetzungen eines Lebens hier zu beachten. Muten wir aber auch uns zu, dass unsere Wohlstandsgesellschaft, in der wir anscheinend ständig mit einem existenziellen Rundumairbag durchs Leben fahren wollen, bunter wird, vielleicht auch etwas komplizierter. Muten wir es uns selbst und den anderen zu. Nur so können wir die Herausforderungen angehen und versuchen, sie zu bewältigen. Mit Verzagtheit oder Wut klappt das sicher nicht.

Unsere benediktinische Spiritualität und unsere Ordensregel sind dafür vielleicht gute Beispiele. Der heilige Benedikt nimmt jeden Einzelnen seiner Mitbrüder ernst. Ferner fordert er, dass bei allen wichtigen Dingen der Abt sich mit sämtlichen Brüdern zusammen beraten soll. Sämtliche, also gerade auch die Jüngeren und nicht nur die Alten, Arrivierten. Er will alle in die Pflicht nehmen und traut ihnen zu, eine Entscheidung zu finden oder zumindest sich entsprechend zu äußern. Besonders interessant finde ich immer wieder eine scheinbare Randnotiz dabei: Im Kloster in Montecassino, das Mutterkloster von uns Benediktinern, waren auch gotische Mitbrüder. Also Leute, die aus einem ganz anderen Kulturkreis kamen als beispielsweise die römischen Mitbrüder (also Mitbrüder, die aus dem Bereich stammten, den wir heute als Italien kennen). Die Goten genossen nicht eben viele Sympathien, und besonders gebildet, so scheint es, waren sie auch nicht. Und trotzdem schließt der heilige Benedikt auch sie mit ein. Ja, mehr noch: Er schreibt in seiner Regel, es sollten immer zwei gekochte Speisen auf dem Tisch stehen, damit jeder etwas für sich findet. Es war gerade nicht so, wie es früher bei uns in der Kindheit hieß: Was auf den Tisch kommt, wird gegessen. In gewissem Maße natürlich schon. Aber eben mit Rücksicht. Der heilige Benedikt fordert und fördert, stets mit Rücksicht, mit discretio, dem rechten Maß. Es ist das Fordern und Fördern, das einmal einer Partei als Grundsatz diente. Das hat viel zu tun mit dem Zumuten und Zumuten lassen, das für eine Gesellschaft der Mutbürger, für eine »herzlichere« Gesellschaft so wichtig ist.

In der christlichen Theologie gibt es dazu ein sehr interessantes Bild, es ist das vom »in sich gekrümmten Herzen«. Augustinus spricht vom »cor curvatum in se ipsum« oder dem »homo curvatus«, dem verkrümmten Menschen, und beschreibt damit die Idee, dass die Sünde des Menschen am Ende darin besteht, dass er sich von Gott abwendet und sich nur noch auf sich selbst bezieht. Das Herz verkümmert dabei, so könnte man sagen. Dieses Bild ist in meinen Augen unglaublich modern. Selbst für jemanden, der mit Sünde und Augustinus und vielleicht auch mit dem Glauben kaum etwas zu tun hat. In einer Zeit, in der Singlepackungen im Supermarkt und Datingplattformen wie Tinder fester Bestanteil unserer Kultur und unseres Alltages sind, in der oft von einer Gesellschaft der einsamen Herzen die Rede ist, scheint mir das »verkrümmte Herz« besonders aktuell. Und zwar als ein Herz, das sich nur auf sich selbst bezieht, weil man nicht den Mut aufbringt, es zu weiten, zu öffnen, es einem anderen zuzuwenden, eben es einer anderen Person in die Hand zu legen. Die Risikobereitschaft und diesen Mut haben wir oft nicht mehr. Das ist dann keine Abwendung von Gott, sondern vom Nächsten. Doch das Ergebnis ist ähnlich: ein Herz, das verkrümmt und verkümmert ist, das aufhört, für den anderen zu schlagen und so seine Vitalität verliert. Wenn wir mit dem Herzen bei einer Sache sind, so sagen wir das ja auch, dann sind wir richtig dabei, dann stecken unsere Leidenschaft und unser Wille darin, dann investieren wir. Mit einem verkrümmten Herzen geht das nicht.

Wenn wir nur noch wütend und ängstlich sind, dann verkrümmen sich unsere Herzen, um im Bild zu bleiben, weil wir nicht den Mut oder den Willen haben, uns zu öffnen. Wir machen nicht nur die Grenzen unserer Länder, sondern auch die Grenzen unserer Herzen dicht. Eine innerliche Gettoisierung und Abschottung. Damit erreichen wir aber nur, dass wir selbst verkümmern und unsere Gesellschaften mit uns. Stattdessen sollen wir herzhaft sein. Eine herzhafte Speise, das ist nichts Süßliches, kein klebriger Pudding, sondern etwas, was Geschmack hat, was satt macht, wo Würze dran ist. Seien wir herzhaft!

Allzu oft aber sind wir fad und gar nicht herzhaft. Sind wir schal und alles andere als herzlich. Die Herzensverkümmerung führt gemeinsam mit der Säkularisierung zu einer gewissen Gnadenlosigkeit. Ich sage im Scherz immer wieder zu den Leuten: »Kommt doch zu mir ins Kloster. Da dürft ihr sündigen, denn da wird euch auch noch vergeben.« Unsere Gesellschaft kennt aber gar keine Vergebung mehr und auch keine Barmherzigkeit, um es noch einmal christlich auszudrücken. Die Barmherzigkeit wäre erst die Fülle der Gerechtigkeit. Nicht die Aufhebung und Nivellierung. Barmherzigkeit besteht meines Erachtens darin, dass ich bei allen Problemen immer noch den Menschen dahinter sehe. Also beispielsweise darin, dass ich bei einem Gerichtsurteil im Blick habe, dass der Mensch eine Chance haben muss, zu überleben, seine Würde zu behalten. Natürlich muss ich mich vor einem Straftäter schützen, dazu habe ich das gute Recht. Aber die Todesstrafe ist nicht erlaubt, es muss noch das letzte Recht zu leben geben, selbst wenn jemand es in unseren Augen verwirkt hat. Das gilt auch für die Frage nach Resozialisierung von Straftätern. Wir haben die Pflicht, wenn die Täter bestimmte Auflagen erfüllen und bestimmten Ansprüchen genügen, also zum Beispiel nicht mehr gefährlich für die Allgemeinheit sind, ihnen wieder die Chance zu geben, Teil der Gesellschaft zu werden, gegen die sie sich selbst durch ihre Tat gewandt und dadurch aus ihr ausgeschlossen haben. Barmherzigkeit ist insofern keine Sonderwelt, kein Luxus von naiven »Gutmenschen«, wie es so gerne verunglimpfend heißt. Den Gedanken gibt es ja auch in anderen Religionen und Kulturen, im Buddhismus zum Beispiel oder natürlich im Islam.

Barmherzigkeit ist vielmehr das Gegenteil von Herzensverkümmerung, von Herzenshärte. In der Bibel lässt Gott im Buch Ezechiel den Israeliten prophezeien: »Ich gebe ihnen ein einziges Herz und lege einen neuen Geist in ihr Inneres. Ich entferne das Herz von Stein aus ihrer Brust und gebe ihnen ein Herz von Fleisch, damit sie nach meinen Satzungen leben, meine Gesetze befolgen und sie erfüllen.« (Ez 11,19–20). Um diesen neuen Geist, um ein Herz von Fleisch statt eines Herzens von Stein geht es heute wie damals. Wenn wir uns öffnen, wenn wir unser Herz in die Hand nehmen, dann verhindern wir, dass wir ein verkrümmtes und egoistisches Herz, ein Herz aus Stein bekommen. Stattdessen ist in unserer Brust und unserer Gesellschaft ein Herz aus Fleisch. Kein kitschigsüßliches Herzilein, wie man es auf dem Oktoberfest aus

Zuckerguss und Lebkuchen kaufen kann. Nein, ein kräftiges Herz aus Fleisch, das vital ist, das schlägt, das für die rechte Sache schlägt und am rechten Fleck sitzt. Nämlich bei uns selbst, bei unserem Nächsten und bei Gott. Antoine de Saint-Exupéry hat im »Kleinen Prinzen« geschrieben: »Man sieht nur mit dem Herzen gut.« Das macht es dann eigentlich aus. Wenn wir uns ein Herz fassen, sehen wir besser. Und sind nicht mehr irgendwann blind vor Wut.

Das Boot ist nicht voll

Die Szene könnte aus einem Blockbuster stammen: Ein paar Männer sitzen in einem Boot, zusammengekauert und eingeschüchtert. Völlig verängstigt starren sie auf den Himmel und die Wolken, die sich drohend über ihnen zusammenziehen. Sie spüren, wie der Wind aufkommt, wie er immer stärker wird, wie er erst an ihren Haaren, dann an ihren Kleidern und schließlich am ganzen Boot zu zerren beginnt. Das Licht wird schwächer und schwächer, der Wellengang nimmt zu, die Wellen wachsen, werden höher, immer höher. In den Blicken wächst die Angst, und die Fragen werden drängender: Kann das gut gehen? Hätten wir vielleicht an Land bleiben sollen? Und, immer wieder: Sind wir zu viele im Boot? Und dann, hollywoodreif, der Auftritt des Helden der Geschichte. Er hatte bislang gar nichts mitbekommen von dem Unwetter, hatte seelenruhig geschlafen. Irgendwann aber war er aufgewacht, vielleicht geweckt vom Wüten des Windes, vielleicht aber auch von den Angstschreien seiner Gefährten. Jetzt steht er auf und blickt seine Freunde an: Warum so ängstlich? Dann dreht er sich um, ohne etwas zu sagen, direkt in die Richtung, aus der der Sturm auf das Boot zurast. Ein kurzer Satz, und es wird still. Kein Wind, keine Wellen mehr, nur noch Stille. Und in die Stille hinein fragt der Held: Warum seid ihr solche Angsthasen?

Diese Szene ist filmreif, aber sie ist natürlich viel älter als die Erfindung des Kinos. Sie ist in verschiedenen Varianten in der

Bibel zu finden, zum Beispiel im Markusevangelium, und zwar so: »Am Abend dieses Tages sagte er zu ihnen: Wir wollen an das andere Ufer hinüberfahren. Sie entließen das Volk und nahmen ihn, wie er war, im Boot mit. Auch andere Boote begleiteten ihn. Da erhob sich ein gewaltiger Sturm und die Wogen schlugen ins Boot, sodass das Boot sich schon füllte. Er aber schlief im Heck des Bootes auf dem Kissen. Da weckten sie ihn und sagten zu ihm: Meister, liegt dir nichts daran, dass wir zugrunde gehen? Da stand er auf, schalt den Wind und sagte zur See: Schweig, sei still! Da legte sich der Wind und es trat große Stille ein. Er sagte zu ihnen: Was seid ihr so furchtsam? Habt ihr noch keinen Glauben? Da gerieten sie in große Furcht und sagten zueinander: Was ist das für ein Mann, dass selbst der Wind und der See ihm gehorchen?« (Mk 4,35–41)

Der Sturm, der aufzieht und sich immer mehr zusammenbraut. Die Wellen, die höher und schließlich über die Reeling schlagen. Das Boot, das zu sinken droht. Die Passagiere, die sich zusammendrängen, voller Panik und Angst: Die Szenarie aus dem Markusevangelium ist leicht auf unsere Zeit zu übertragen. Auch bei uns ist von Wellen, die voller Gewalt auf uns zurollen und unser Leben bedrohen, die Rede. Genauer gesagt, von Flüchtlingswellen oder gar von einer Flüchtlingsflut. Ich empfinde diese Ausdrücke als völlig unpassend und unwürdig. Denn womit wir es zu tun haben, sind keine Wellen, sondern einzelne Menschen mit einzelnen Schicksalen. Und sie brechen nicht wie eine Flut über uns herein, die uns bedroht und gegen die wir schnellstens hohe Deiche bauen müssen, damit nur ja kein einzelner armer Tropf zu uns herüberschwappt. Wir Deutschen haben zum Glück keinen solchen Deich gebaut. Aber das auch bei uns immer wieder zu hörende Gerede von Wellen und Flut halte ich für gefährlich und lehne es ab.

Genauso interessant ist das Motiv des Bootes. Keine dreißig Jahre ist es her, Anfang der 1990er Jahre, um genau zu sein, da warb die rechtsradikale Partei der Republikaner mit dem Slogan »Das Boot ist voll«. Die Plakate boten nichts anderes als eine Ansammlung von rassistischen Stereotypen und Klischees, und sie waren an Dummheit kaum zu überbieten. Seither sind die »Das Boot ist voll«-Warnungen nicht mehr verstummt. Im Gegenteil, gerade in Hinblick auf die Flüchtlingsschiffe, wenn man die baufälligen Kähne, mit denen die Verzweifelten das »Massengrab« Mittelmeer zu überqueren suchen, so nennen kann, werden die raunenden und inzwischen oft auch offen polemisierenden Rufe wieder lauter. Der Eindruck wird erweckt, Deutschland gleiche einer Arche Noah, die nichts anderes tue, als alle Welt so lange aufzunehmen, bis entweder kein Platz mehr für die eigene Mannschaft ist oder die überfüllte Arche sinkt. Die Gestrandeten werden deshalb nicht mit offenen Armen empfangen, sondern mit erhobenen Fäusten. Ihnen wird kein Dach über dem Kopf angeboten, sondern das Dach über dem Kopf angezündet. Denken diese Wirrköpfe, ob sie nun Brandreden schleudern oder Brandsätze, an die Strapazen, die diese Menschen auf ihrem Weg durch die Wüste Sahara durchgemacht haben, oft zusammengepfercht auf Lastwägen? Ich wundere mich immer, wie viele Flüchtlinge in Italien aufgenommen werden. 2016 kamen 180 000 Flüchtlinge über das Mittelmeer, das waren zwanzig Prozent mehr als noch im Vorjahr. Seit 2014 kamen mehr 500 000 Flüchtlinge, die meisten aus Nigeria, Eritrea oder auch der Elfenbeinküste. 2015 war von der EU versprochen worden, dass 40 000 Menschen aus Italien in andere Mitgliedstaaten gebracht werden könnten. Ende 2016 waren es nicht einmal 3000. Es stimmt, dass Deutschland 2015 deutlich und 2016 ein wenig mehr Menschen aufgenommen hat. Nur ist die deutsche Bevölkerung um fast ein Drittel größer als die italienische. Und noch wichtiger: Was ist mit den anderen Ländern? Werden wir, wird Italien im Stich gelassen – und müssen wir deshalb die Menschen, die sich retten wollen, im Stich lassen?

Wieso scheint es Italien also zu schaffen? Vielleicht ist man dort einfach daran gewöhnt, vielleicht kennt man es schon seit jenen alten Zeiten, als die germanischen Horden im 6. und 7. Jahrhundert aus dem Norden in Italien einfielen. Selbst die Bajuwaren, die im 14. Jahrhundert unter ihrem Ludwig von Bayern Rom belagerten, wurden integriert. Ihre Nachkommen wohnen heute noch in Rocca di Papa. Die Italiener scheinen von einer unermesslichen Toleranz beseelt zu sein. Vielleicht ist das das eigentliche christliche Abendland, das ganz anders aussieht als dasjenige, auf das sich Pegida & Co. immer wieder gerne berufen. Doch ist es nicht nur Toleranz, es ist der Respekt, den Italiener den Fremden gegenüber zeigen. Und Respekt erzeugt Gegenrespekt.

Eines ist außerdem gewiss: Christlich ist der Gedanke der Abschottung nicht. Johannes schreibt: »Wenn jemand irdisches Vermögen besitzt, seinen Bruder Not leiden sieht und sein Herz vor ihm verschließt, wie kann in ihm die Gottesliebe bleiben?« (1 Jo 3,17) Und richtig ist der Gedanke auch nicht. Zugegeben, es muss bei der Integration klare Grenzen geben. Aber eben keine Ländergrenzen, sondern Grenzen im Verhalten. Wer hierher kommt, muss unsere Grundwerte nicht nur akzeptieren, das reicht nicht aus. Er muss sie achten, und er muss auch dazu bereit sein, sie zu verteidigen. Integration ist mehr als eine bloße Duldung – und das gilt für beide Seiten. Denn würde es bei der Duldung allein bleiben, kämen wir zusammen nicht weiter. Für mich steht außer Frage, dass wir auch manchmal strenger sein müssen. Wir können nicht akzeptieren, dass sich jemand weigert, die deutsche Sprache zu erlernen. Genauso wenig können wir akzeptieren, dass ein Neuankömmling offen die Grundlagen der Gesellschaft, die ihn aufnimmt, in Frage stellt oder bekämpft. Solche Menschen auszuweisen, halte ich nicht für unbarmherzig, sondern für ein Gebot der Stunde. Ich zum Beispiel habe als Deutscher in Italien gelebt, und ich habe mich dort immer als Deutscher gefühlt. Aber ich habe nicht nur die italienischen Gesetze geachtet, sondern auch versucht, mich in die Traditionen des Landes einzuleben. Zum Beispiel werden kirchliche Feste wie Heiligabend oder Ostern in Italien ganz anders begangen als bei uns. Das wirkte auf mich vor allem zu Beginn meiner Zeit in Italien manchmal etwas befremdlich, und ich muss offen sagen, dass bis heute ein Weihnachten, wie wir es bei mir zuhause feiern, immer noch mehr meine Sache ist. Und doch habe ich versucht, die Schönheiten dieser anderen Traditionen zu entdecken, mich auf das einzulassen, was den anderen wichtig ist. Das erwarte ich auch von allen, die zu uns kommen.

Und, was schon angeklungen ist und was ich für mindestens ebenso wichtig halte: Jeder, egal, ob hier geboren oder nicht, egal, ob deutscher Staatsbürger oder Schutzsuchender, muss sich engagieren, muss seinen Beitrag dafür leisten, dass die Gemeinschaft, die ihn aufgenommen hat, auch funktioniert. Integration ist nicht allein die Aufgabe derer, die zu uns kommen, sondern auch und gerade eine Herausforderung für uns Deutsche. Wozu mangelndes gesellschaftliches Engagement führen kann, lässt sich in Italien beobachten: Viele Italiener fühlen sich gar nicht als Italiener im eigentlichen Sinne, sondern eher als Norditaliener oder Süditaliener oder auch nur als Kalabresen, Piemontesen oder Römer. Die gemeinsame Sorge für das, was wir Gemeinwohl nennen, wird kleiner. Das Verantwortungsgefühl gegenüber dem Land Italien oder gar dem Staat schwindet zusehends; und manche behaupten sogar, dieses Verantwortungsgefühl war niemals oder kaum vorhanden. Nicht ohne Grund hat Massimo d'Azeglio, einer der Vordenker des »Risorgimento«, der Wiedererstehung Italiens im 19. Jahrhundert, bei der allerersten Sitzung des gesamtitalienischen Parlaments nach der Unabhängigkeit ausgerufen: »Wir haben Italien geschaffen, jetzt müssen wir Italiener schaffen!« Und nicht wenige Italiener würden heute bezweifeln, dass das in den zwei Jahrhunderten danach gelungen ist. Das Engagement für das große Ganze, das für uns Deutsche gerade nach dem Zweiten Weltkrieg entscheidend gewesen ist, ist auch eine entscheidende Voraussetzung zur Integration, und zwar ein Engagement von allen Seiten. Und: Integration ist nie zu Ende, sie muss immer neu bewältigt werden, in jeder Generation. Ich kann in diesem Sinne auch als deutscher Staatsbürger, der in München oder Hamburg oder Berlin geboren wurde, nicht integriert sein. Weil ich mich nicht engagiere, weil ich auf Kosten anderer lebe, weil ich nicht wählen gehe – weil mich eben schlichtweg das nicht interessiert, was mich nicht unmittelbar betrifft. Das ist auch eine Form des Integrationsscheiterns.

Auf einem Schiff kann man sich eine solche Verweigerungshaltung nur dann leisten, wenn man eine Kreuzfahrt gebucht hat und dafür bezahlt. Eine Mannschaft entsteht dadurch aber erstens nicht. Und zweitens funktioniert das beispielsweise bei einem Segelboot, das mit anderen um die Wette segelt, nicht mehr. Da wird jede Hand gebraucht, im wahrsten Sinne des Wortes. Wenn die Segel gerafft werden, müssen buchstäblich alle an einem Strang ziehen. Nur wer mitarbeitet, hilft dabei, das Boot auf Kurs zu halten und an seinem Ziel angelangen zu lassen. Arbeit und Engagement sind dabei entscheidende Punkte. Wir – und deshalb bin ich so überzeugt davon, dass wir uns eben nicht abschaffen – haben ein Arbeitsethos, wir kennen Tugenden wie Fleiß, Pünktlichkeit und Disziplin, die wir vorleben und ausleben müssen. Wir haben damit schon so viel geschafft und werden das jetzt wieder schaffen. Interessanterweise sind es gerade diese Tugenden, die viele Flüchtlinge und Neuankömmlinge, mit denen ich spreche, am meisten faszinieren und ihnen die Hoffnung und Zuversicht geben, dass wir es schaffen können. Wir, also alle gemeinsam. Darauf kommt es in einem Boot und bei einer Besatzung an. Wer auf dem Schiff zu spät kommt, den bestraft vielleicht nicht gleich das Leben, aber zum Beispiel der Wind oder ein herumfliegendes Seil. Wer ein Wendemanöver verpasst, muss danach umso härter kurbeln. Wer das Deck nicht sauber hält, und zwar ständig, der rutscht aus oder bricht auf einer morschen Planke ein. Diese Bilder könnte man ewig weiterzeichnen, aber die Parallelen sind klar.

In meiner Zeit als Erzabt von St. Ottilien haben wir häufig Gäste aus der gesamten Welt empfangen. St. Ottilien ist das Ursprungskloster der Ottilianer Kongregation, zu der, verteilt über den ganzen Globus, mehr als zwanzig Klöster gehören. Manchmal, wenn uns Gäste etwa aus Afrika oder Asien besuchten, nahm ich die Gelegenheit wahr und ging mit ihnen spazieren. In St. Ottilien haben wir viele Felder und Gärten, und zur Erntezeit gleicht die Abtei einem einzigen großen Klostergarten. Und wenn wir dann gemeinsam unterwegs waren, habe ich meine Gästen gefragt: »Schaut mal rauf zu den Bäumen, was da in den Zweigen hängt: Was seht ihr?« Sie haben geantwortet: »Birnen« oder »Äpfel«. Und ich habe gesagt: »Ja, genau. Birnen. Aber kein Geld. Das wächst auch bei uns nicht auf den Bäumen.« Damit wollte ich klarmachen, dass wir sie nur deshalb unterstützen können, weil wir hart arbeiten und von Leuten unterstützt werden, die ihrerseits hart dafür arbeiten. Und deswegen könne man erwarten, dass auch die, die von uns unterstützt werden, hart arbeiten. Ansonsten würde das Verhältnis nicht mehr stimmen. Und so ist es auch in unserem Boot namens Gesellschaft. Wir müssen hart arbeiten, wir alle. Und damit meine ich selbstverständlich auch Menschen, die vor lauter Boni gar nicht mehr wissen, wohin mit ihrem Geld, und die längst nicht mehr in einem Boot mit uns sitzen, sondern auf einer Luxusjacht oder einem Kreuzfahrtschiff. Das gehört nämlich auch dazu: Dass man sich nicht einfach absetzt, sondern an Bord bleibt.

Und noch etwas gehört zu dem Boot-Gleichnis: die Frage des Kurses und der Koordination. Wenn jeder von uns nur vor sich hinwerkelt, wird man den Kurs nicht halten können. Damit uns das gelingt, müssen wir wissen, wohin wir wollen. Was ist unser Ziel? Wohin will unsere Gesellschaft steuern. Gerade dann, wenn es stürmisch wird, wie derzeit bei uns in Deutschland, sind das Ziel und der Kurs entscheidend. Auf hoher See ist es eben nicht so, dass der Weg das Ziel ist. Nein, das Ziel ist das Ziel, und der Weg dorthin muss klar sein. Im Christentum gibt es so ein Ziel, das als das Reich Gottes bezeichnet wird. Und damit ist nicht etwa ein Ziel genannt, das in weiter, unabsehbarer Ferne liegt und uns auf ein ominöses Irgendwann vertrösten soll. Bei dem Reich Gottes handelt es sich auch nicht um ein innerweltliches Reich der Macht, sondern um die Vorstellung des gegenseitigen Dienstes. Jesus vertröstet nicht, er zielt nicht auf Macht, sondern nimmt uns mit seiner Reich-Gottes-Botschaft ganz massiv in die Pflicht. Wir alle haben an der Verwirklichung dieses Reichs mitzuarbeiten. Er sagt: Es stimmt schon, dass das Reich Gottes kommen wird, wenn es an der Zeit ist. Aber das heißt nicht, dass ihr deswegen faul sein könnt. Nein, ihr müsst daran mitarbeiten. Ihr müsst alles geben, was möglich ist, um das Reich Gottes ein Stück weit schon auf dieser Welt zu realisieren. Und sei es nur in Momenten, in Begegnungen, in einzelnen Erfahrungen. Aber das große Ziel muss uns vor Augen bleiben. Es ist die Gottesherrschaft, die alle innerweltliche Macht in Frage stellt. Wer nicht an das Reich Gottes glaubt, kann trotzdem ein Ziel vor Augen haben. Ich merke immer wieder, dass die religiöse Botschaft vom Reich Gottes, wenn man sie denn ernst nimmt, einen besonders motivierenden Charakter hat. Dass mit ihr vor Augen das Kurshalten vielleicht eine Spur einfacher ist. Nicht einfacher im Sinne von lockerer. Aber vielleicht klarer.

Entscheidend aber sind, ich habe es schon einmal gesagt, das Ziel, der Kurs und die Ordnung. Selbst wenn man mit dem Reich Gottes nichts anzufangen weiß, wird man doch bejahen, dass eine Gesellschaft in Ordnung sein muss. Ich meine damit nicht, dass ich an eine Heile-Welt-Romanze glaube, an eine Gesellschaft, die perfekt und ohne Unzulänglichkeiten ist. Das tut auch nicht die Bibel. Wenn wir die Seefahrtsgeschichten oder auch andere Erzählungen in der Bibel lesen, merken wir schnell: Das sind keine Schnulzen, die uns da vor Augen gehalten werden. Da geht es zur Sache, und manchmal geht es auch ziemlich rau zu. In Ordnung ist eine Gesellschaft dann, wenn man sich, flapsig gesagt, in ihr wohlfühlt. Nicht immer und ständig, aber doch im Gesamten gesehen.

In Ordnung ist eine Gesellschaft aber auch dann, wenn sie gerecht ist. Wenn jeder seinen Platz hat. Ich habe damals, als ich als Abtprimas in Sant'Anselmo angefangen habe, eine

Änderung eines meiner Vorgänger rückgängig gemacht. Er hatte, sicherlich in bester Absicht, zwischen den Mönchen Platz genommen und damit den Ersten Tisch an der Stirnwand des Speisesaals, an dem früher der Abtprimas zusammen mit dem Prior und dem Rektor gesessen hatte, de facto abgeschafft. Ich habe das wieder rückgängig gemacht. Nicht, weil ich mich als etwas Besseres gefühlt hätte oder nicht mit meinen Mitbrüdern hätte reden wollen. Nein, ich war schlicht der Meinung – und bin es immer noch –, dass man den Überblick behalten muss. In einem Refektorium genauso wie auf einem Schiff, wo der Kapitän auch auf der Brücke steht. Und genauso muss es auch in der Gesellschaft sein. Wir brauchen Menschen, die den Überblick haben und damit einen anderen Platz als andere. Ordnung ist in dem Fall nicht nur das halbe Leben, wie man so schön sagt, sondern noch viel mehr. Doch das allein reicht nicht, zugleich muss es auch gerecht zugehen. Ich habe mir an dem Ersten Tisch kein besseres Essen kommen lassen oder teureren Wein. Auf Schiffen haben die Kapitäne oft feinere Speisen bekommen, das stimmt. Es gibt aber auch Beispiele, die davon berichten, dass gerade diejenigen Sonderrationen erhalten haben, die es nötiger hatten.

Das ist eine Form von Gerechtigkeit. Eine andere besteht darin, dass es die Möglichkeit des Aufstiegs gibt. Dass ich nicht festgezurrt bin an meinem Platz, sondern mit Fleiß und Geschick und vielleicht auch mit etwas Glück vorankommen kann. Für mich war es als Lehrer genauso wie als Erzabt und Abtprimas immer wichtig, Leute, vor allem junge Leute, zu fördern. Die 68er haben ja sehr vieles in Frage gestellt. Damals hieß es: Ihr dürft auf keinen Fall frustriert werden, und die Frustrationsvermeidung galt als das oberste Ziel, schließlich sei der Mensch frei, sich zu entwickeln. Und dann sind die

Kinder lebensuntauglich geworden, und plötzlich gab es ein neues Wort: Frustrationstoleranz. Ich dagegen bin der Meinung, dass man sich anspornen muss, dass man sich motivieren soll, dass man den anderen auch einmal hart anpacken darf, wenn er sein Potenzial nicht ausschöpft oder gar nicht sieht, dass er durchaus auch das Zeug zu einem guten Maat oder Offizier oder gar Kapitän hat.

Der heilige Benedikt war kein Segler, aber er hat hier einen wichtigen Punkt sehr klar gesehen. Die Sitzordnung, die er in den Klöstern beim Essen eingeführt hat, war geradezu revolutionär. Sie richtete sich nämlich nicht nach dem ursprünglichen Rang des Mönches. Es war völlig egal, ob er vorher ein reicher Kaufmann, ein bekannter Adliger oder einfach nur ein armer Bauer gewesen war oder gar ein Sklave. Nein, die Sitzordnung richtete sich danach, wie lange der jeweilige Mitbruder schon im Kloster war. Das allein zählte und nichts anderes. Das war eine Lektion in Sachen Demut, eine Lektion darin, seinen eigenen Platz zu finden, und es war ein Bruch mit den Standesprivilegien, die nicht verdient, sondern meistens ererbt waren. Dieses revolutionäre Moment erlebe ich auch heute immer wieder in unseren Klöstern. Nicht unbedingt in Bezug auf unsere Sitzordnung, sondern darauf, dass die christliche Botschaft von der Gleichheit aller in manchen kulturellen Kontexten tatsächlich revolutionär ist. Etwa im indischen oder besser hinduistischen Kontext. Mitbrüder, die beispielsweise im Kastensystem geboren und groß geworden sind, tun sich manchmal gar nicht so einfach mit dieser Gleichheit aller. Und nicht ohne Grund werden wir Christen von manchen Hindufanatikern eben als Störfaktoren dieses Systems gesehen und deswegen verfolgt. Denn das Kastensystem passt nicht zu der Ordnung, die wir als demokratisch, gerecht und menschlich ansehen. Dort gibt es ein Oben und ein Unten, und das hat nur mit der Geburt zu tun. Mit nichts anderem. Das ist geordnet. Aber nicht in Ordnung.

Eine Gesellschaft ist also dann in Ordnung, wenn sie gerecht mit dem Potenzial und den Chancen ihrer Mitglieder umgeht. Wenn jemand immer nur ein einfacher Matrose bleiben muss, obwohl er etwas anderes wollen und vor allem können würde, dann ist es eben nicht in Ordnung – und damit wächst die Gefahr einer Meuterei und des Kursverlustes. Diese Gefahr einer Meuterei spüren wir heute immer wieder in unserer Gesellschaft. Sie rührt daher, dass in vielen das Gefühl die Oberhand gewinnt, dass unsere Welt aus den Fugen geraten und die Ordnung zerbrochen ist. Das stimmt wohl auch. Ohne diese Ordnung werden wir das Schiff nicht auf Kurs halten können. Und damit meine ich jetzt nicht nur die kleine Fregatte Deutschland, sondern das große Schiff Welt. Denn das gehört ja auch zur Wahrheit in der ganzen »Das Boot ist voll«-Debatte. Wir müssen einen Blick über die Reling hinaus gewinnen, wir müssen begreifen lernen, dass wir insgesamt gesehen nicht alle in unterschiedlichen Booten unterwegs sein können. Wie in kleinen Bei- und Rettungsbooten, in denen alle auf ihre Weise und nur mit Blick auf sich selbst um das Überleben kämpfen. Wir müssen darauf achten, und ich bin mir sicher, wir werden es schaffen, dass das Boot Deutschland nicht untergeht. Wir müssen aber auch begreifen, dass wir zusammen eine Flotte bilden. Und eben nicht unzählige Einzelschiffe, die gegeneinander um die Wette segeln, die sich schneiden oder gar rammen. So kommt keiner ans Ziel. Egal, welche Mannschaft er hat. Egal, wie voll oder leer, wie klein oder groß sein Boot ist.

Kontrolle ist gut, Vertrauen ist besser

Vertrauen ist gut, Kontrolle ist besser: Wahrscheinlich hat jeder von uns diese Losung schon einmal gehört, zumindest als Kind – wenn er nicht ganz und gar antiautoritär und 68er-gemäß aufgewachsen ist. Und vielen gilt diese Wendung als Motto oder gar als Mantra.

Vertrauen ist gut, Kontrolle ist besser: Mir fällt dazu immer ein, wie ich zu Beginn meiner Zeit in Rom durch diese atemberaubende Stadt lief. Ich stamme ja aus der Provinz, aus dem Allgäu. Meine Eltern waren einfache Leute, und von der Welt hatte ich lange nichts gesehen. Das änderte sich erst, als ich in unseren Orden eintrat und es mich zum Studium an unsere Ordensschule, das Pontificio Ateneo Sant'Anselmo in Rom verschlug. An jenen Ort also, an dem ich Jahrzehnte später mein zweites Zuhause finden sollte und von dem aus ich gerade erst in die Heimat zurückgekehrt bin. Ich kam Anfang der Sechzigerjahre nach Rom. Und ich habe die Stadt später immer wieder erneut erlebt, etwa als ich sie als Fremdenführer von Freunden und Gruppen durchstreifte oder als ich als junger Professor dort lebte. Und jetzt, nachdem ich die letzten sechzehn Jahre dort verbracht habe, habe ich das Gefühl, Rom eigentlich gar nicht zu kennen. Ursprünglich hatte ich immer vor, nach meiner offiziellen Zeit in Rom noch zwei Monate zusätzlich dort zu bleiben, um all die Orte und Straßen und Winkel zu entdecken, die es noch zu entdecken gibt und die ich nicht kenne – und das sind viele. Doch jetzt gehe ich direkt mit Beendigung meiner Amtszeit, und ich verlasse ein völlig anderes Rom als das, das ich zu Beginn gesehen und lieben gelernt habe. Das ist an sich nichts Sonderbares, jede Stadt verändert sich im Laufe von Jahrzehnten – und an manchen Ecken und Enden geschieht das durchaus zum Besseren. Und Rom ist noch immer eine wunderbare Stadt, die mich auch heute noch fasziniert. Doch manchmal, so scheint es mir, ist diese Stadt mittlerweile zu einem großen Museum geworden, das zwar spannend und schön, aber nicht mehr so lebendig ist wie früher, sondern eher tot. Die Restaurierungen und Absperrungen und Einzäunungen, die allerorten anzutreffen sind, haben Rom zwar einerseits an etlichen Stellen vor dem drohenden Verfall bewahrt und den Touristen zugänglicher gemacht. Sie bergen andererseits aber auch die Gefahr, dass Rom erstarrt, dass die natürliche Verschmelzung von Geschichte und Gegenwart, von Tradition und Zukunft, von Hochkultur und banalem Alltag zerbricht. Rom hat mich deshalb so sehr fasziniert, weil dort Menschen ganz natürlich mit dem lebten, was für uns in Deutschland allenfalls Bestandteil von Sagen, Romanen oder Geschichtsbüchern war. Dieses Selbstverständnis, Teil einer der berühmtesten Geschichten und Städte zu sein, und zwar jeden Tag, auf fast jedem Schritt oder Meter, das prägt Rom und die Römer. Und das hat auch mich geprägt, zutiefst.

Einmal während der Fastenzeit bin ich jeden Tag in die verschiedenen Stationskirchen gegangen. Stationsgottesdienste sind Messen, die ein Bischof in Kirchen seines Bischofssitzes feiert. In Rom beginnt das am ersten Adventssonntag in Santa Maria Maggiore, dann folgen Santa Croce in Gerusalemme und viele mehr. Allerdings nicht immer mit dem Bischof von Rom, das ist ja der Papst, sondern bis auf die Ausnahmen am

Aschermittwoch und Gründonnerstag durch Mitglieder einer eigenen Gemeinschaft, der Päpstlichen Akademie Cultorum Martyrum. Auf diese Weise konnte ich einige Kirchen und deren Schätze kennenlernen, die mir sonst sehr wahrscheinlich auf immer verborgen geblieben wären. All die Reliquien in San Marco an der Piazza Venezia zum Beispiel. Da findet man etwa, in einem Glas gefangen, die Finsternis, unter der die Israeliten aus Ägypten ausgezogen sind, man findet Haare von der Muttergottes, ein Stück von ihrem Mantel und auch etwas von ihrer Milch. Darüber mag man schmunzeln, und, ganz ehrlich, ich muss das manchmal auch. Wichtiger aber ist, dass diese Reliquien einfach so ausgestellt wurden, ohne irgendwelche Sicherheitsmaßnahmen. Heute aber trifft man überall auf Gitter, die um die Tempel und antiken Stätten herumgezogen wurden. Sogar die Pietà von Michelangelo im Petersdom musste hinter Sicherheitsglas eingekerkert werden, weil ein Fanatiker sie mit einem Hammer zerstören wollte. Das ist traurig. Und zwar nicht nur deshalb, weil es Menschen gibt, die auf solche Ideen kommen. Sondern auch deshalb, weil es Konsequenzen für alle anderen mit sich führt. Und die drücken sich in den meisten Fällen eben als Gitter, Absperrungen und andere Sicherheitsvorkehrungen aus.

Diese Sicherheitsvorkehrungen sind manchmal nötig, keine Frage. Und nicht nur im sakralen oder musealen Umfeld, sondern auch, ganz konkret, im gesellschaftlichen Leben. Der Terroranschlag auf den Berliner Weihnachtsmarkt im Dezember 2016 hätte womöglich verhindert werden können, wenn es stimmt, dass entsprechende Hinweise auf den Täter vorgelegen haben. Ebenso wie die Kirche muss auch der Staat seine Kostbarkeiten und Schätze schützen, und das sind in erster Linie die Leben seiner Bürger und deren Grundrechte.

Nur sagt sich das so leicht. Die Frage, wie weit man in die Freiheit Einzelner oder auch der Gemeinschaft eingreifen darf, soll oder gar muss, um die Gemeinschaft oder Einzelne zu schützen, ist bis heute eine der am meist diskutierten. Und sie stellt sich auch für mich zentral, weil so unglaublich viel mit ihr zusammenhängt. Nur ist sie für mich an dieser Stelle nicht das eigentliche Thema. Mir geht es hier vor allem darum, dass zwar ganz klar ist, dass Kontrolle sein muss und wir hier sicherlich Defizite haben. Es stimmt wohl auch, wenn Kanzlerin Angela Merkel in ihrer Neujahrsansprache sagte: »Die schwerste Prüfung ist ohne Zweifel der islamistische Terrorismus, der auch uns Deutsche seit vielen Jahren im Visier hat. 2016 griff er uns mitten in unserem Land an: in Würzburg, in Ansbach und vor wenigen Tagen erst am Weihnachtsmarkt hier an der Gedächtniskirche in Berlin. Und – ja – es ist besonders bitter und widerwärtig, wenn Terroranschläge von Menschen begangen werden, die in unserem Land angeblich Schutz suchen. Die genau deshalb die Hilfsbereitschaft unseres Landes erlebt haben und diese nun mit ihren Taten verhöhnen. Wie sie auch diejenigen verhöhnen, die tatsächlich unseren Schutz brauchen und verdienen.« Mir geht es genauso. Aber ich bin auch davon überzeugt, dass wir in der Vergangenheit ein wenig zu gutmütig waren. Nicht naiv, ich mag dieses Wort mit dem entsprechenden Unterton nicht. Aber zu gutmütig, gutmütig in einem negativeren Sinne, sicherlich. Manchmal schien es mir, als würden wir glauben, dass alle, die zu uns kommen, nur Heilige sind, doch natürlich waren da auch Schlitzohren oder Verbrecher darunter. Wir werden sicher stärker kontrollieren müssen, wer zu uns kommt. Und wir werden, wenn etwas schiefgeht, Konsequenzen ziehen müssen. Doch es gibt Abstufungen – und da komme ich mir in Deutschland, gerade nach meinen Jahren im Ausland, immer mehr vor wie in jenen Teilen Roms, die zu einem toten Stadtmuseum erstarren.

Wie gesagt: Rom war einmal anders. Und das ist es zum Teil noch immer, wenn man von den vielen archäologischen Stätten absieht. Da ist Kontrolle nicht automatisch das Optimum. Probieren Sie es doch einfach mal, mit dem Auto unter der Devise »Vertrauen ist gut, Kontrolle ist besser« in Rom oder gar in Neapel herumzufahren. Keine Chance! Im Gegenteil. Wer so fährt, der verliert definitiv die Kontrolle. Zum Beispiel, wenn man hier im Stau steht. Die Italiener hupen und sie legen einen großen Eifer und vor allem eine nicht zu überbietende Kreativität beim Schimpfen an den Tag. Die wirklich ergreifenden Opern spielen sich sowieso eigentlich auf den Straßen am Tiber oder der Via Aurelia und anderen als Straßen bezeichneten Hoppelpisten ab. Aber: Man ärgert sich anders. Vielleicht auch, weil im Stau steckenzubleiben gar nicht so übel ist. Man hat wenigstens Zeit, die antiken Monumente anzugucken, sich auch über das unterschiedliche Grün zu freuen, das der Pinien, der Platanen oder der Palmen. Nicht jeder macht das, das ist mir durchaus bewusst. Dennoch ist die Hingabe, sich zu empören, auch der Ausdruck einer geringeren Verdrossenheit. Und schon gar nicht wird gleich nach der Polizei oder anderen Kontrollinstanzen gerufen. Nein, das regeln die Signore oder Signori schon selbst. Oft mit Improvisationen, die auf uns Ordnungsfanatiker mehr als abenteuerlich wirken.

Der Verkehr in Rom ist deshalb irgendwie ein Sinnbild. Sicher: Oft passieren dort Unfälle, und vor allem als Radfahrer hat man kein leichtes Leben in urbe. Andererseits ist die Art, wie man im Verkehr vorankommt, ohne Regeln zu beachten, auch ein Beispiel dafür, dass nicht alles geregelt sein muss. Hier muss man improvisieren, und man darf vor allem keine Angst haben. Natürlich kommt man sich am Anfang etwas komisch vor, wenn man auf den Zebrastreifen tritt, und die Autos rasen einfach stur weiter, um dann kurz vor einem zu stoppen. Aber sie stoppen auch – wenn man läuft. Läuft man nicht und zögert und wartet, dann wartet man ewig. Denn freiwillig anhalten, wenn niemand auf dem Streifen ist, das wäre ja noch schöner! Oder wie man dort sagt: Ci mancherebbe!

Das hat überhaupt nichts mit Rücksichtslosigkeit zu tun. Ich habe eher das Gegenteil erlebt, nämlich dass man auf eine gewisse Weise mehr aufeinander achtet. Man fährt nicht nach dem Gesetz, sondern nach dem Verkehrsfluss, ordnet sich ein in den Rhythmus. Alle schauen nach vorne, der Rückspiegel ist nicht so wichtig, wenn es nicht gerade um die Frisur geht. So ist jeder gewissermaßen darauf geeicht: Ich lasse meinen Vordermann tun, was er will, er kann von rechts außen nach links außen auf kürzestem Wege ziehen. Der weiß wiederum, dass der Hintermann genauso auf mich aufpasst und mitdenkt, mitschwimmt. In Deutschland habe ich das so eher selten erlebt. Auch die Verkehrserzieher, die auf der linken Spur Auto-Zwangsbeseligung betreiben, wären in Italien undenkbar. Wieder: Ci mancherebbe!

Das Gegenteil davon und ein gutes Bild dafür, wie es manchmal bei uns läuft, ist eine Bundesstraße im Süden von Deutschland. Sie war es zumindest zu der Zeit, als ich noch Erzabt von St. Ottilien war. Konkret geht es um die alte B12 von Landsberg nach München. Ich kenne die Straße sehr gut und weiß gar nicht mehr, wie viele Male ich sie gefahren bin. Es ging dort immer mächtig rund, und zu dem starken Verkehr kam, dass die Straße relativ eng war. Als ob Jesus gesagt hätte: Eher kommt ein Kamel durch ein Nadelöhr als ein Autofahrer schnell durch die B12. Die Folge waren oft riskante Überholmanöver und schlimme Unfälle. Das Problem war bekannt und wurde auch angegangen. So weit, so wunderbar! Aber die Lösung bestand nicht etwa in einer Verbreiterung der Fahrbahn oder in anderen Maßnahmen, die mehr Platz geschaffen hätten, sondern in einer durchgezogenen Linie, die die vormals gestrichelte ersetzte. Jetzt war Überholen gar nicht mehr erlaubt. Allerdings war das Verkehrsproblem damit nicht gelöst. Es wurde ein Strich gezogen, der rein gar nichts bewirkte. Weil man nun das Gefühl hatte, noch langsamer vorwärtszukommen, gab es mindestens genauso viele Auffahrunfälle wie vorher, zumindest gefühlt. Die B12 und ihre durchgezogene Linie, die vermeintlich klare Linie, ist für mich ein Symbol, wie wir manchmal in Deutschland vorankommen wollen: Für ein Problem gibt es eine starre Lösung und am besten zehn Gesetze. Wir haben uns manchmal festgesetzt im buchstäblichen Sinne.

Ein anderes Beispiel: Die Frage des Rauchverbotes hat in allen Bundesländern für erhitzte Diskussionen gesorgt. Das erste Rauchverbot haben wir übrigens unserer Kirche zu verdanken. Angeblich soll Urban VII. im 16. Jahrhundert damit angefangen haben, zumindest in Kirchen. Nachweisen lässt sich eine solche Vorschrift in der Bulle »Cum ecclesia« aus dem 17. Jahrhundert, später wurde das Verbot wieder aufgehoben. In Deutschland waren die Debatten dazu schon lange im Gange, und irgendwann hatte man es geschafft, das Rauchverbot hatte sich überall in mehr oder weniger ähnlichen Varianten durchgesetzt, und ich glaube sogar, dass die meisten sich damit ganz gut arrangiert haben. Plötzlich gab es aber die Idee, auch im Freien das Rauchen zu verbieten. An Bahnhöfen wurden zum Beispiel auf den Plattformen bestimmte Zonen eingerichtet, in denen geraucht werden durfte, außerhalb dieser Zonen war es verboten. Aber ein Rauchverbot komplett und überall draußen? Im Biergarten oder am Badestrand zum Beispiel? Dass ich in geschlossenen Räumen nicht rauchen soll, das verstehe ich. Aber im Freien? Wenn ich jemanden störe, setze ich mich einfach woanders hin, und die Sache ist geregelt. Aber da die schlimmsten Sünder der Gegenwart nun einmal die Raucher sind, bleibt die Diskussion. Mit Schädlichkeitsstudien noch und nöcher. Ich bin passionierter Pfeifenraucher und deshalb etwas voreingenommen. Nur meine ich auch hier: Das ist ein Beispiel dafür, dass wir im Sicherheitswahn leben, dass wir uns immer mehr Gesetze geben und alles regeln wollen, anstatt Freiraum zu lassen, um selbst Lösungen zu finden. Die Krux dabei: Wir verwandeln unsere gesamte Gesellschaft in ein totes Museum oder in eine B12.

Dahinter stecken viele Motive. Nicht nur Angst, die nach den jüngsten Vorfällen in Bereichen wie Terrorabwehr durchaus verständlich ist. Sondern zum Beispiel auch mangelndes Vertrauen. Vertrauen in uns selbst und den anderen und in unsere Fähigkeit, als Gesellschaft Probleme auszuhalten und zu regeln. Wir müssen weg von der Vorstellung, alles regeln zu müssen, weil wir das eben nicht können. Die Enttäuschung, die Angst, die Frustration, wenn es nicht klappt – und das ist unvermeidlich –, werden nur umso größer sein und damit auch die Gefahr, sich noch weiter in der Gesetzfestung zu verschanzen. Wir entmündigen uns selbst, wenn wir meinen, für alles den Staat zu brauchen. Sicher, wir brauchen Kontrolle. Aber noch mehr Vertrauen.

Das gilt für den wirtschaftlichen Bereich, wenn man beispielsweise an den ebenso strikten wie stupiden Protektionismus denkt, wie ihn manche Brexit-Befürworter, aber auch TTIP-Gegner vertreten. Unsere Wirtschaft braucht eine Rahmenordnung und manchmal eine schärfere. Sie braucht zudem Kontrolle, die Bankenkrise hat das gezeigt. Doch die Boni steigen schon wieder, allen Gesetzen und aller Kontrolle zum Trotz. Anstand, das würde dort helfen. Aber den erzwingt man nicht durch Gesetze.

Noch gravierender finde ich, was ich aus manchen Gesprächen mit Wissenschaftlern oder Forschern heraushöre. Auch in den Naturwissenschaften gibt es Grenzen, etwa bei der Stammzellforschung, die unbedingt gelten sollten. Doch zu viele Grenzen versperren den Horizont. Zu viele Regelungen ersticken jegliche Kreativität. Regeln sind dafür da, Raum zu lassen, und noch mehr, um Raum zu schaffen. Ein Forscher muss sich hierzulande manchmal vorkommen wie einer, der in einem Raum steht, welcher auf magische Weise immer kleiner wird – übrigens ein häufiges Motiv in der Traumpsychologie und ein Symbol für gefühlte oder tatsächliche Eingeschränktheit und Beschränkung. Wir müssen, um die Herausforderungen unserer Zeit zu bestehen, wieder mehr Raum lassen für Kreativität: in der Forschung, in den Geisteswissenschaften, aber auch im täglichen Miteinander. Was entsteht, wenn wir selbst in den Kontrollwahn abgleiten, weil wir nicht mehr vertrauen, haben wir Deutsche in zwei Diktaturen erlebt. Und ohne das auch nur im Ansatz vergleichen zu wollen: Der Aufstieg der Populisten ist vor allem ein Vertrauensverlust der Bevölkerung in die Eliten und in sich selbst. Für viele Populisten gilt entweder die Devise »Früher war alles besser, und dahin müssen wir zurück« oder »Bis hierhin und nicht weiter«. Doch mit solchen Irrtümern kommt man nicht weit.

Es gibt ein Buch der blinden Spitzenskiläuferin Verena Bentele mit dem Titel »Kontrolle ist gut, Vertrauen ist besser«. Sie beschreibt darin sehr anschaulich, was es bedeutet, im Spitzensport, aber auch im normalen Leben blind zu sein. Man muss loslassen können, um seine persönliche Freiheit zu behalten. Und man muss vertrauen können, um voranzukommen. Sei es auf der Loipe oder im Alltag. Sie schreibt: »Die meisten Menschen haben das Bedürfnis, ihre Richtung und Geschwindigkeit selbst zu bestimmen und dann zu bremsen, wenn sie es für richtig halten. Sie wollen die Kontrolle über ihr Handeln behalten. Im Volksmund heißt es: Vertrauen ist gut, Kontrolle ist besser. Ich sage: Bei diesem Sprichwort stimmt die Reihenfolge nicht. Kontrolle gibt Sicherheit und Orientierung; sie ist wichtig, um ans Ziel zu kommen.« Aber, fügt Bentele hinzu: »Als Blinde sehe ich nicht, was mich in der Abfahrt erwartet. Weil ich gewinnen will, habe ich mich gegen das Bremsen und für das Vertrauen entschieden.«

Ich meine nicht, dass wir blind durch das Leben gehen sollten. Das geschieht ja auch bei der Spitzensportlerin nicht freiwillig, sondern vom Schicksal erzwungen. Und ich vermute ehrlicherweise, dass die meisten von uns gar nicht mehr die Kontrolle über ihr Leben haben wollen, weil sie sowieso nicht darauf vertrauen, dass alles irgendwie klappen wird. Sie wollen die Eigenverantwortung loswerden und lieber kontrolliert werden. Das hat aber nichts mit Vertrauen zu tun, sondern mit einer blinden Gesetzeshörigkeit. Vertrauen bezieht sich immer auf eine Person, einen Menschen, und sei es auf sich selbst. Insofern finde ich es richtig und einen wunderbaren Satz, wenn Verena Bentele schreibt: »Weil ich gewinnen will, habe ich mich gegen das Bremsen und für das Vertrauen entschieden.« Wir sollten uns auch gegen das Bremsen und für das Vertrauen entscheiden.

Ich selbst habe das in meinem Leben versucht, zumindest meistens. Vielleicht war ich auch ab und zu der Bremser, das müssen andere beurteilen. Insgesamt aber glaube und hoffe ich, dass ich durch Vertrauen Verschiedenes voran- oder zumindest auf den Weg gebracht habe. Das liegt an meinem Grundvertrauen, das in Gott gründet – doch dazu später mehr. Das liegt aber auch daran, dass die christliche Botschaft genau das besagt: Wir sollen den Menschen vertrauen und nicht alles regeln wollen. Wie bitte? Ausgerechnet das Christentum, ausgerechnet die katholische Kirche mit all ihren Dogmen und ihrem überbordenden Kirchenrecht? Ich kann mir gut vorstellen, dass sich der eine oder andere das jetzt denken wird. Und richtig, ich kann diesen Vorbehalten nur zustimmen, denn auch in unserer Kirche gibt es einen Trend zum Gesetzeswahn. Wobei wir nicht vergessen sollten, dass das Christentum vom Ursprung her keine Gesetzesreligion ist. Jesus selbst lebte beispielsweise ein Prinzip vor, das für uns wichtig ist. Wenn er sagt, dass der Mensch nicht für den Sabbat gemacht ist, sondern der Sabbat für den Menschen, dann bedeutet das nicht, dass man tun und lassen kann, was man will. Das grundlegende Gebot, den Sabbat zu heiligen, bleibt bestehen. Nur manche damit verbundene Reglungen, genauer gesagt manche menschliche Verbote werden kritisch hinterfragt. Jesus steht für das Prinzip der Epikie, das grob zusammengefasst so lautet: Wenn ich eine Norm übertreten muss, um den eigentlich dahinterstehenden Wert zu schützen, dann darf und soll ich das auch. Gerechtigkeit wird dabei nicht nur durch die Befolgung des Gesetzes, sondern durch dessen

Übertretung erreicht. Hinter diesem Prinzip steckt das Vertrauen in den Menschen und seine Urteilsfähigkeit. Die Epikie nimmt uns viel mehr in die Pflicht als die sture Gesetzestreue. Wenn ich mich an das Gesetz halte, passt alles – in einem legalistischen Sinne. Wenn ich jemanden ausliefere, weil es so im Gesetz steht, dann handle ich im juristischen Sinne richtig. Aber nicht im moralisch-menschlichen Sinne. Epikie sorgt für das Recht, wo die reine Gesetzesanwendung zu einem Unrecht führen würde.

Für mich als Erzabt und Abtprimas ging es oft genug darum, Regeln aufzustellen oder bestimmte Sachen anzuordnen. Das war mein Job. Nur habe ich versucht, Freiräume für eigene Lösungen zu lassen. Ob mir das immer gelungen ist, weiß ich nicht. Der Wille dazu war jedenfalls vorhanden. Ich habe versucht, die Freiheit meiner Mitbrüder zu achten und gleichzeitig Platz zu lassen für ihre Kreativität, soweit das von meinem Standpunkt aus vertretbar war. Wenn sich dann jemand über eine Anweisung hinweggesetzt hat, weil er es in diesem Moment besser wusste, habe ich das respektiert. Ich habe es nicht nur zähneknirschend geduldet und mich in meiner Autorität angegriffen gefühlt, sondern wirklich in dem Sinne respektiert, dass es mir Respekt abgenötigt hat, dass da jemand seinem Vorgesetzten zuwidergehandelt hatte, nach bestem Wissen und Gewissen. Denn das ist dabei entscheidend: Man muss seinem Gewissen folgen, aber eben auch das nötige Wissen haben oder es sich, wenn nicht vorhanden, aneignen. Epikie und Vertrauen sind nichts für Faulpelze und Bequeme. Gerade wir Christen können uns keine Bequemlichkeit mehr leisten.

Das Zitat »Vertrauen ist gut, Kontrolle ist besser« wird übrigens Lenin zugeschrieben. Allerdings wird kolportiert, dass er eine andere Wendung öfter gebraucht hat, die mir viel stimmiger erscheint: »Vertraue, aber prüfe nach.« Wenn das nicht missbraucht wird, wie es natürlich vom Sowjetregime getan wurde, dann ist das ein vernünftiger Grundsatz. Vielleicht ergänzt um ein »manchmal«, denn immer alles nachzuprüfen scheint mir gerade kein Vertrauensbeweis zu sein. Ohnehin will ich dieses Kapitel nicht ausgerechnet mit Lenin beenden. Lieber mit Papst Franziskus, der in seinen Morgenmessen sehr häufig gegen die sturen Gesetzeslehrer der Zeit Jesu wettert. Sie sind für ihn der Inbegriff einer verkorksten Moral und eines rigiden Systems. Das Christentum dagegen ist von seinem Selbstverständnis her kein System und auch keine Institution. Sondern es ist Begegnung und Botschaft, lebendige Botschaft. Eine Botschaft des Lebens, der Wahrheit und des Friedens. Da wissen wir, wo es langgeht. Papst Franziskus meint das, wenn er sagt, dass die Praxis Vorrang vor der Theorie habe, die Wirklichkeit vor der Idee: »Die Wirklichkeit steht über der Idee. … Es gibt Politiker – und auch religiöse Führungskräfte –, die sich fragen, warum das Volk sie nicht versteht und ihnen nicht folgt, wenn doch ihre Vorschläge so logisch und klar sind. Wahrscheinlich weil sie sich im Reich der reinen Ideen aufhalten und die Politik oder den Glauben auf die Rhetorik beschränkt haben. Andere haben die Einfachheit vergessen und von außen eine Rationalität importiert, die den Leuten fremd ist.« (Evangelii Gaudium, 233–234) Oder, noch pointierter in der Morgenmesse am 24. Oktober 2016, eben zur Heilung einer Frau am Sabbat. Jesus fährt den empörten Synagogenvorsteher an, er sei ein Heuchler. Franziskus bemerkt dazu: »Das Wort ›Heuchler‹ verwendet Jesus häufig in Bezug auf die Starren, in Bezug auf jene, die in der Erfüllung des Gesetzes eine Haltung der Unbeugsamkeit und nicht die Freiheit von Kindern haben: Sie meinen, dass man das Gesetz genau so erfüllen muss und sie sind Sklaven des Gesetzes.«

Lasst uns keine Sklaven des Gesetzes sein. Lasst uns daran glauben, dass Kontrolle gut, aber Vertrauen besser ist.

Lasst uns Hoffnungsträger sein

Ich bin vor Kurzem gefragt worden: Was macht Ihnen Freude? Eine einfache Frage, und ich musste trotzdem erst einmal nachdenken. Das Gebet, natürlich. Musizieren, ganz besonders mit anderen. Der Umgang mit jungen Leuten, das schon immer. Die Antworten hatte ich also relativ schnell parat, und sie stimmten auch alle. Doch später kam mir eine Antwort, die mindestens genauso richtig ist und die für mich sehr in mein Inneres reicht: Es macht mir Freude, anderen Angst zu nehmen und Hoffnung zu geben. Mir hat einmal jemand gesagt: »Sie sind für mich ein Hoffnungsträger.« Das hat mich zutiefst berührt. Und zugleich denke ich: Wir alle müssen Hoffnungsträger sein. Denn ohne Hoffnung ist das Leben nur schwer zu ertragen.

Hoffnungsträger: Der Begriff wird oft im Sport benutzt, seltener in der Politik. Damals, als Barack Obama gewählt wurde, war er so ein Hoffnungsträger. Für mich allerdings geht das nicht weit genug. Wir alle müssen Hoffnungsträger sein, und zwar in einem doppelten Sinne: Erstens müssen wir versuchen, anderen Hoffnung zu bereiten. Wir müssen uns gegenseitig unterstützen und gerade dann, wenn jemand in der Krise ist, zeigen, dass es Hoffnung auf Besserung gibt. Hoffnung ist sehr oft nichts Abstraktes, sondern ein freundliches Gesicht, eine aufbauende Geste, ein aufmunterndes Wort. Wir müssen für andere Hoffnung verkörpern. 1989 zum Beispiel bin ich nach China geflogen. Wir waren drei Benediktiner, neben mir noch zwei Missionsbenediktinerinnen. Die eine der Schwestern war eine kleine Filipina, ein unglaublich lieber und geduldiger Mensch. Gemeinsam waren wir in einer Gemeinde unterwegs, und es kamen sehr, sehr viele Leute, mindestens 2000. Sie alle hielten mir ihre Kinder hin, um sie von mir segnen zu lassen. Ich fing an, doch irgendwann konnte ich nicht mehr, mein Arm wurde immer schwerer, ich konnte ihn kaum noch heben. Da fragte ich die Schwester, ob es nicht einfacher sei, wenn ich allen gemeinsam und auf einmal den Segen geben würde. Die Schwester blickte mich an und antwortete: »Wissen Sie, Vater Erzabt, diese Menschen haben nichts. Geben Sie ihnen wenigstens etwas. Und sei es Hoffnung.«

Ich war in diesem Moment fast ein wenig beschämt, weil ich nicht verstanden hatte, wie wichtig die persönliche Geste, der Segen für jedes einzelne Kind war. Hoffnung zu geben, ist eine unserer Uraufgaben als Mitmenschen. Das können wir aber nur, wenn wir selbst Hoffnung in uns tragen. Hoffnungsträger zu sein, bedeutet, selbst Hoffnung zu haben. Wir müssen die Hoffnung im wahrsten Sinne des Wortes verkörpern, wir müssen sie in uns spüren. Ein verzweifelter Mensch kann kaum Hoffnung ausstrahlen. Wenn er ein begnadeter Schauspieler ist, mag er vielleicht den einen oder anderen für eine gewisse Zeit täuschen. Aber auf Dauer spüren wir sehr genau, wenn jemand verzweifelt, desillusioniert, eben hoffnungslos ist. Ein hoffnungsloser Fall ist dann nicht nur einer, den wir abschreiben, dem wir keine gute Sozialprognose geben oder dem wir keine Genesung in Aussicht stellen. Ein hoffnungsloser Fall ist auch ein Mensch, der selbst keine Hoffnung hat und sie somit auch nicht ausstrahlen kann.

Ich erinnere mich noch sehr gut an eine Frau, die mich bei einer Reise vom Flughafen mit dem Auto abholte. Ich kannte sie nicht, hatte sie zuvor weder gesehen noch von ihr gehört. Wir gerieten ins Gespräch und kamen irgendwann auch auf das Thema Kinder und Schwangerschaften. Warum? Ich weiß nicht mehr genau. Aber ich erinnere mich noch sehr gut, dass ich ihr von Frauen erzählte, die schwere Schwangerschaften hatten, und die ich begleitet hatte. Und ich erzählte ihr weiter, dass ich immer wieder versucht hätte, die Kinder im Gebet zu tragen. Die Frau hörte still zu, und auf einmal brach es aus ihr heraus: »Mein Gott, ich bin im dritten Monat schwanger, und ich habe wahnsinnig Angst, dass etwas schiefgeht oder dass ich keine gute Mutter bin.« Ich hörte zu und antwortete kurz: »Du brauchst keine Angst zu haben. Ich trage auch dein Kind in meinen Händen.« Die Fahrt war bald zu Ende, und wir verabschiedeten uns. Ich hatte irgendwie das Gefühl, dass die Frau ruhiger war, gelöster. Aber es war nur so ein Gefühl.

Sechs Monate später – ich dachte schon gar nicht mehr an die Autofahrt – gab es einen Anruf bei mir. Eine Frau war am Apparat, die mir etwas Dringendes erzählen müsse. Ihre Freundin habe ein Kind bekommen, einen Leopold. Ich freute mich natürlich, verstand aber nicht wirklich, was das mit mir zu tun haben sollte. Bis die Frau am Telefon sagte: »Die Freundin damals, war die Dame, die Sie vom Flughafen abgeholt hat. Nachdem Sie mit ihr geredet hatten, hatte sie keine Angst mehr. Sie war voller Hoffnung und alles hat geklappt.«

Dieser Anruf und die Nachricht haben mich sehr bewegt. Weil ich in dem Augenblick wieder einmal gesehen habe, wie wichtig es ist, dass wir Hoffnungsträger sind. Dass wir nicht nur uns selbst von Angst befreien müssen, sondern auch andere. Und dass wir andererseits uns von Angst befreien und Hoffnung geben lassen und nicht zu stolz sind, uns an andere zu wenden. Wir dürfen Hilfe annehmen, gerade, wenn wir Angst haben und ohne Hoffnung sind. Das passiert jedem, und es wäre falscher Stolz, nicht um Hilfe zu bitten oder sie gar abzulehnen. Das gilt für unseren Alltag, das gilt aber auch für unsere Gesellschaft. Wir haben verlernt, uns Hoffnung machen zu lassen. Es ist ein Zynismus eingekehrt, der den Hoffenden und Hoffnungsträger als Träumer verlacht. Barack Obama war damals im Wahlkampf ein gutes Beispiel: Natürlich war das, was manche in ihm sahen, auch überzogen. Und selbstverständlich ist die amerikanische Art, Wahlkampf zu treiben und dabei Menschen hochzustilisieren, sehr eigen. Doch in Deutschland haben wir bisweilen die Neigung, zu schnell Hoffnungen vom Schlage eines »Change« und »Yes, we can« als naiv abzutun. Doch das ist nicht etwa Realismus, sondern Zynismus, und der ist mindestens genauso gefährlich wie eine gewisse Naivität. In den Diskussionen um die Situation in unserem Land, aber auch in persönlichen Gesprächen, merke ich häufig, wie sehr heute Hoffnungsträger fehlen. Wie wenig Menschen daran glauben, dass alles gut wird. Damit meine ich keine Friede-Freude-Eierkuchen-Harmonie. Ich spreche auch nicht von der infantilen Vorstellung, wir würden oder könnten jemals in einer völlig heilen Welt leben. Wenn ich mit Menschen über meine Hoffnung spreche, dann ist das sehr realistisch. Ich mache mir keine Illusionen, dass wir einen langen Weg vor uns haben, wenn es zum Beispiel darum geht, die europäische Krise, die wir derzeit erleben, zu beheben – die zunehmende Abschottung vieler Länder, das Erstarken von Nationalismus und Populismus, die nach wie vor schwelenden wirtschaftlichen Probleme usw. Aber ich habe die begründete Hoffnung, dass wir es schaffen. Weil ich weiß, was Europa und seine Bürger schon fertiggebracht haben. Ich denke an Adenauer, Schuman und de Gaulle, und das gibt mir Hoffnung. Das bedeutet aber auch, dass mir durchaus bewusst ist, dass wir auch scheitern können. Hoffnung ist kein Heilsautomatismus. Aber eben auch mehr als reiner Optimismus.

Hoffnung ist mehr als Optimismus – inwiefern? Vaclav Havel sagte: »Hoffnung ist eben nicht Optimismus, ist nicht Überzeugung, dass etwas gut ausgeht, sondern die Gewissheit, dass etwas Sinn hat – ohne Rücksicht darauf, wie es ausgeht.« Das ist sicher richtig. Wenn ich nicht überzeugt bin, dass dieses Europa Sinn hat, kann ich keine echte Hoffnung für sein Fortbestehen aufbringen. Wenn ich nicht sehe, dass diese Frau oder dieser Mann wirklich die richtige Person für mich ist, dann werde ich kaum darauf hoffen, dass wir das Leben miteinander verbringen. Zugleich aber ist Hoffnung für mich noch mehr und übertrifft Optimismus in einem besonderen Punkt. Paulus schreibt im Brief an die Römer: »Denn zur Hoffnung sind wir gerettet worden. Hoffnung aber, die man schon erfüllt sieht, ist keine Hoffnung. Wie kann man auf etwas hoffen, was man sieht? Hoffen wir aber auf das, was wir nicht sehen, dann erwarten wir es in Geduld.« (Röm 8,24–25) Hoffnung, christlich gesehen, kann nicht enttäuscht werden. Zumindest die große Hoffnung, auf die Christen ihr Leben wetten und wagen. Und Hoffnung ist immer verbunden mit Handeln, weil wir wissen, dass wir tief in etwas Anderem und Größeren verankert sind. Papst Franziskus hat das so formuliert: »Die Hoffnung ist kein Optimismus, sie ist nicht die Fähigkeit, auf die Dinge mit jenem wohlgesinnten Mut zu blicken und voranzugehen. Ebenso wenig ist die Hoffnung eine positive Einstellung gegenüber den Dingen. Das ist schon gut, aber keine Hoffnung. Es ist nicht leicht zu verstehen, was die Hoffnung ist. Man sagt, dass sie die niedrigste der drei Tugenden ist, da sie sich im Leben versteckt. Den Glauben sieht man, spürt man, man weiß, was er ist. Die Liebe tut man, man weiß, was sie ist. Aber was ist die Hoffnung?« Und der Papst gibt ein Beispiel: »Eines ist es, in der Hoffnung zu leben, da wir in der Hoffnung gerettet sind; ich denke an Maria, ein junges Mädchen. Nachdem sie gehört hat, dass sie eine Mama war, hat sich ihre Haltung verändert und sie geht, sie hilft und singt jenes Loblied. Wenn eine Frau schwanger wird, ist sie Frau, aber sie ist nie nur Frau: sie ist Mama. Und die Hoffnung hat etwas davon.«

Hoffnung ist etwas zutiefst Dynamisches. Wer hofft, sagt mit allem, was er tut: »Das hat Sinn, was wir machen und wollen. Packen wir's an!« Hoffnungsträger sind deshalb motivierende Menschen, die andere mitreißen. Das können Trainer, Lehrer oder Sänger sein. Oder eben Mütter, Väter und Geschwister. Jeder kann ein Hoffnungsträger sein. Für mich persönlich gab es einige Hoffnungsträger. Dag Hammarskjöld, den 1961 verunglückten UN-Generalsekretär und Friedensnobelpreisträger, der in seinen berühmten Aufzeichnungen »Zeichen am Weg« uns diesen dichten Text hinterlassen hat:

»Gemeinsames Suchen
nach der Insel,
die schon immer die unsere war,
die uns immer von fremdem Land
auf sich hinzieht –
Insel im weiten Meer
schweigenden Ringens,
stets gesucht,
von Ferne gesehen,
nie erreicht.

Unsere Hoffnung:
Schließlich als Zerschlagene
zu Tode ermattet
von der Brandung
auf den Strand geworfen zu werden –
müde und glücklich.«

Zugegeben, das klingt erst einmal nicht sehr hoffnungsvoll. An anderer Stelle aber verdichten sich seine Gedanken, und die tiefe Hoffnung, die Hammarskjöld geprägt haben, wird deutlich: »Ich weiß nicht, wer – oder was – die Frage stellte. Ich weiß nicht, wann sie gestellt wurde. Ich weiß nicht, ob ich antwortete. Aber einmal antwortete ich Ja zu jemandem – oder zu etwas. Von dieser Stunde her rührt die Gewissheit, dass das Dasein sinnvoll ist und dass darum mein Leben, in Unterwerfung, ein Ziel hat. Seit dieser Stunde habe ich gewusst, was das heißt, ›nicht hinter sich zu schauen‹, ›nicht für den anderen Tag zu sorgen‹.« Und seine letzte Rede vor der UN, am 8. September 1961, ist wie ein Anruf an uns heute, gemeinsam die Hoffnung auf eine bessere Welt nicht nur zu haben, sondern eben anzugehen, anzupacken: »Lasst uns in der Überzeugung arbeiten, dass unsere Arbeit eine Bedeutung über das Eng-Individuelle hinaus und dass sie für die Menschheit etwas bedeutet hat.«

Hoffnung ist aktiv und nie passiv. Hoffnung ist kein innerliches Gefühl, das man in seinem Herzen und im stillen Kämmerlein pflegt. Hoffnung will raus und treibt hinaus. Sie will ansteckend sein, mitreißend, verändernd. Hoffnung ist deshalb auch eng verknüpft mit der Freude. Wer Freude hat und Hoffnung, der gleicht ein wenig den Pferden, wenn sie wieder rausdürfen, wenn sie voller Vitalität strotzen, kaum zu halten sind. Hoffnung und Freude können im wahrsten Sinne des Wortes unbändige Gefühle sein, mit einer Kraft, die erstaunlich ist. Zugleich ist Hoffnung, wie oben beschrieben, realistisch. Wir müssen darauf achten, wenn wir Hoffnungsträger sind, dass wir Hoffnung vermitteln und keine Illusionen. Die Gefahr besteht, dass der Hoffnungsträger mit den Illusionen von anderen Menschen überfrachtet wird und irgendwann selbst Dinge will und glaubt, die frommen oder kühnen Wünsche gleichen, aber mit der Realität nichts zu tun haben. Die Verführung dazu ist groß. Oft, wenn ich in Gebiete kam, in denen die Menschen auf Hilfe hofften, musste ich sehr genau darauf achten, dass ich keine falschen Hoffnungen weckte. Wir müssen uns vor dem Gefühl der Überverantwortlichkeit schützen – uns selbst und andere. Es gibt doch da dieses Lied: »Muss nur noch kurz die Welt retten«. Das müssen wir eben nicht. Ich habe immer versucht, bei meinen Besuchen in armen Ländern zu sagen: »Leute, ich helfe euch gerne. Aber ihr habt auch eine eigene Eigenverantwortung. Ich kann nicht alles geradebiegen, was schiefgelaufen ist. Das könnt ihr nicht erwarten und solltet ihr auch nicht, weil sonst Enttäuschung vorprogrammiert ist.«

Ein Beispiel für solche enttäuschten Hoffnungen, bei denen aber weniger der andere oder die Umstände schuld sind, sondern eher die eigenen Erwartungen, sind die beiden Familiensynoden, die im Vatikan stattgefunden haben. Franziskus ist ohne Zweifel derzeit für viele in der Kirche ein großer Hoffnungsträger. Zugleich, und das haben Hoffnungsträger eben auch an sich, gibt es viele, die ihn gerade deshalb bekämpfen. Zum Schicksal vieler Hoffnungsträger gehört leider der erbitterte Widerstand derer, für die die Hoffnung Wandel oder Veränderung bedeutet und die weder Wandel noch Veränderung wollen, ja, die sie gar fürchten. Die Synode und der Widerstand allgemein gegen Franziskus, der in den letzten Monaten immer größer und erbitterter geworden ist, passen genau in dieses Schema. Wer Hoffnung in sich trägt und Hoffnung bringt, der muss oft ertragen, dass er zur Zielscheibe für die wird, die hoffnungslose Fälle sind. Vor der Synode waren es aber nicht nur Hardliner wie manche Kardinäle, die Widerstand erzeugten, sondern auch gut meinende Beobachter, die Wandel und Veränderung nicht fürchteten, sondern im Gegenteil herbeisehnten. Nur: Ihre Hoffnungen waren eben keine Hoffnungen, sondern gänzlich unrealistisch und damit Illusionen. Berechtigte Wünsche, durchaus auch, aber ohne jede Chance auf Realisierung. Man hätte gut daran getan, die Synode nicht zu sehr mit Erwartungen zu überfrachten – nur sagt sich das so leicht, wenn man nach Wandel lechzt, wenn man selbst in Situationen lebt, wie manche wiederverheiratete Geschiedenen, die bedrücken, weh tun und aus denen man endlich ausbrechen will. Dort hoffnungsvoll zu bleiben, aber keine Illusionen zu haben, das ist unendlich schwierig – aber ebenso wichtig, um selbst nicht enttäuscht zu werden und zugleich gemeinsam konstruktiv zu wirken. Denn wer seine Hoffnung schwinden sieht, dem fällt es zunehmend schwer, sich zu motivieren, weil er den Sinn in seinem Tun nicht mehr sieht – und ohne Sinn keine Hoffnung: ein Teufelskreis.

Es gibt im Deutschen ein wunderbares Wort: Hoffnungsschimmer. Darin steckt viel von dem, was Hoffnung ist, wie sie aussieht, wie sie sich anfühlt. Ich muss bei diesem Wort sehr oft an die Arche Noah denken. Wie ergreifend, wie überwältigend muss das gewesen sein, als auf einmal Land auftauchte. Vorher schon der Zweig – man kann förmlich spüren, wie in diesem

Augenblick die Hoffnung auf das rettende Ufer aufgekeimt sein muss, klein und zart, wie ein Zweig ist. Und dann Land, wirklich Land. Wir kennen das, wenn man nach einer langen Schifffahrt erste Umrisse sieht, sich fragt, ob es nur ein anderes Schiff ist oder ein spektakuläres Wolkengebilde. Wenn man näherkommt und erkennt, dass es kein Schiff sein kann und auch kein Wolkenkonglomerat. Wenn sich die Umrisse immer mehr verfestigen, klarer werden, deutlicher zu erkennen sind und unser Puls schneller schlägt. Wir fliegen emotional förmlich auf das Land zu, schneller als unser Schiff, voller Ungeduld und Vorfreude. So muss es damals Noah auch gegangen sein, als er seinen Hoffnungsschimmer sah. Die ganze Hoffnung in all ihrer Macht passt in diesen Momenten in ein einziges Wort oder auch Seufzer: endlich.

Für Christen ist die Hoffnung zutiefst verbunden mit diesem »endlich«. »Endlich« einerseits im Sinne von begrenzt und mit Ende. Andererseits ist damit die Hoffnung verbunden, dass dieses Ende ein Anfang ist, dass es nach diesem Ende endlich losgeht, dass da nicht das Nichts steht, sondern ein anderes Leben. Ein himmlisches Leben, das Jesus uns durch die Auferstehung versprochen hat, als er den endlichen Tod überwunden und besiegt hat. Unsere Auferstehung ist gewissermaßen ein existenzielles »endlich«, wenn wir dadurch das verwirklichen, wozu wir geschaffen sind. Übertragen könnte man sagen: Wenn die großen Denker der Geschichte davon sprechen, dass wir irgendwann Gott schauen und glückselig sind, dann ist das das ultimative »endlich« des Menschen. Der Hoffnungsschimmer, auf den wir unser Leben lang hingelebt haben und der auf einmal so klar und deutlich vor uns steht.

Nach christlicher Vorstellung schauen wir dann nicht nur Gott, so kompliziert das klingen mag, sondern wir hegen auch die Hoffnung, diejenigen wieder zu treffen, die uns vorausgegangen sind. In diesem Zusammenhang hat mich eine Geschichte zutiefst bewegt. In einem Zeitungsartikel schrieb die Theologin Uta Ranke-Heinemann vor einigen Jahren: »Seit dem 11. September 2001, dem Todestag meines geliebten Mannes, der 56 Jahre das Glück meines Lebens war, habe ich nur den einen Gedanken: ihn im Jenseits wiederzufinden … Ich habe meinen Glauben verloren, aber Hoffnung und Liebe sind mir geblieben.«

Bei diesen Zeilen kann man nachdenklich werden. Denn da schreibt jemand davon, dass er seinen Glauben verloren hat, jemand, der sich sein Leben lang mit Glauben auseinandergesetzt hat. Doch gleich danach folgen die Worte, die so ergreifend sind: »Hoffnung und Liebe sind mir geblieben.«

Die Hoffnung, von der Uta Ranke Heinemann spricht, ist keine Vertröstung. Solche Hoffnung ist schal. Hoffnung ist, wie schon gesagt, aktiv und dynamisch. Sie richtet sich aus auf ein Ziel, vergisst aber das Hier und Heute nicht. Insofern kann man knapp sagen: Leben ist Hoffen. Es gibt einen bezeichnenden lateinischen Satz dazu, der lautet: Dum spiro spero – solange ich atme hoffe ich. Man könnte das zugleich auch umkehren: Solange ich hoffe, atme, also lebe ich. Das ist mehr als eine Binsenweisheit, sondern eine Gewissheit, die unglaublich Kraft gibt. Die uns wie ein Motor antreibt und den Menschen zu Anstrengungen befähigt, die wir als unmenschlich bezeichnen. Die Hoffnung stirbt in diesem Sinne wirklich zuletzt, weil mit ihr der Mensch stirbt. Weil er dann ein hoffnungsloser Fall ist und in gewissem Sinne verloren. Deshalb steht im Römerbrief noch mehr über die Hoffnung, zum Beispiel: »Geduld bewirkt Bewährung, Bewährung Hoffnung, die Hoffnung aber lässt nicht zugrunde gehen« (Röm 5,4–5).

Diese Stelle aus der Bibel kann auch Nichtchristen viel geben. Genau genommen sagt sie das, was für uns in unserer gesellschaftlichen Situation derzeit wichtig ist: Wir müssen Geduld haben. Die Herausforderungen, vor denen wir stehen, werden wir nicht einfach im Vorübergehen lösen. Aber wir können sie lösen. Wenn wir diese Geduld aufbringen, werden wir uns bewähren, werden wir sehen, dass es geht, und daraus neue Kraft schöpfen. Diese Bewährungen wiederum nähren unsere Hoffnung, lassen sie stärker werden und wachsen, lassen uns zu Hoffnungsträgern werden. Haben wir Geduld. Bewähren wir uns. Werden wir Hoffnungsträger – und wir werden nicht nur nicht zugrunde gehen, sondern unsere Gesellschaft zu einer machen, in der wir hoffen, glauben und lieben können. Und in der wir jeden Tag neu Hoffnungsschimmer sehen und treffen. Lasst uns Hoffnungsträger, lasst uns Hoffnungsschimmer sein!

Wir können es doch

Ich habe ganz zu Beginn des Buchs gesagt: Ich will meine Heimat nicht den Schreiern von Pegida und Co. überlassen. Dafür ist sie mir viel zu schade und zu kostbar. Vor allem wegen der Menschen, die unser Land geprägt, die es aufgebaut haben und weiter aufbauen werden. Wenn ich zurückblicke, blicke ich zugleich voraus. Voraus mit Hoffnung und Mut, weil ich sehe, was wir schon geschafft haben. Ich habe noch die Nachkriegszeit erlebt und das, was von uns Deutschen in dieser Zeit und auch später geleistet wurde. Doch wir müssen gar nicht wieder und wieder die Aufbauleistung bemühen, wir müssen nicht so weit zurückblicken. Es gibt in unserer Gegenwart genügend Dinge, die wir fertiggebracht haben und die uns zeigen: Wir können es doch.

Die Angst, die derzeit in Deutschland grassiert, hat viele Gesichter. Da ist die Angst um die innere Sicherheit, die ich seit meiner Heimkehr sehr unmittelbar mitbekomme. Innerhalb von wenigen Tagen versetzten Anschläge in Würzburg, München und Ansbach Bayern und das ganze Land in Angst und Schrecken. Joachim Krause, Terrorexperte und Direktor des Instituts für Sicherheitspolitik an der Universität Kiel, äußerte nur kurze Zeit nach den Gewalttaten den Verdacht: »Einiges deutet darauf hin, dass hinter den Anschlägen in Würzburg und Ansbach ein IS-Netzwerk steckt, das in Bayern sein Unwesen treibt.« In Berlin schockierte dann die Bluttat auf dem Weihnachtsmarkt die Menschen, und wieder waren die Verbindungen des Täters eindeutig terroristischer Art. Wir können es doch? Wir schaffen es? Eine Allensbach-Umfrage von 2016 ergab, dass 92 Prozent der deutschen Bevölkerung mehr Personal für die Polizei wünschen und 90 Prozent eine bessere Ausrüstung der Sicherheitskräfte. Genauso viele fordern eine stärkere Überwachung von Flughäfen oder Bahnhöfen und 84 Prozent die Erfassung von Fingerabdrücken von jedem, der nach Deutschland einreist. Zahlen, die die Angst um die innere Sicherheit ausdrücken und statistisch greifbar und damit scheinbar beherrschbar, kontrollierbar machen sollen.

Die Anschläge waren schrecklich, und die Wunden, die sie gerissen haben – bei jedem einzelnen Betroffenen und seinen Angehörigen, aber auch in unserer Gesellschaft insgesamt –, brauchen Zeit, um zu heilen. Und wir müssen realistisch sein: Vor solchen Taten ist keine Gesellschaft geschützt. Wilhelm von Humboldt hatte zwar recht, als er sagte: »Denn ohne Sicherheit ist keine Freiheit.« Komplette Sicherheit gibt es jedoch nicht. Auch dann nicht, wenn man alles überwacht, alles abriegelt, alles kontrolliert. Die Freiheit, die Sicherheit braucht, geht stattdessen dadurch verloren. Das tröstet in dem Moment, in dem man einen geliebten Menschen verliert, wenig. Ich kann auch verstehen, dass der Schmerz, den die Ereignisse in München oder Berlin ausgelöst haben, in einen Schrei nach Sicherheit mündet und in einer Klage über ein mögliches Versagen der Sicherheitskräfte. Nur, das müssen wir auch erkennen: Es wurden auch Anschläge verhindert. Wahr ist sicherlich, dass es Fehler gegeben hat bei Polizei und Politik, bei Militär und Geheimdienst. Und es mag auch etwas dran sein, wenn viele Sicherheitsexperten die Lücken bei Kontrollen, Überwachungen oder Einreisen kritisieren. Trotzdem gab es auch im letzten Jahr genügend Beispiele, die zeigen, dass sich die Arbeit der Dienste und der Polizei ausgezahlt hat. Seit jener Blutspur, die die RAF in unserem Land hinterlassen und die sich tief in unser Gedächtnis eingeprägt hat, waren wir in keinem vergleichbaren Maße mehr der Bedrohung durch Terroristen ausgesetzt. Aber es ist eben auch wahr: Deutschland ist, selbst nach dem Terrorjahr 2016, ein sicheres Land. Die Aufklärungsquote der Polizei liegt deutlich höher als beispielsweise noch zu Beginn der Neunzigerjahre, je nach Statistik um fast zehn Prozent. Auch geht die Zahl der sogenannten Hauptdelikte wie Mord oder Vergewaltigung kontinuierlich zurück. Und auch die Panikmache, die Verstöße durch Täter ohne deutsche Staatsangehörigkeit hätten im vergangen Jahr um fast 50 Prozent zugenommen, muss relativiert werden: Zu den Verstößen gehören auch illegale Einreisen, die ja per definitionem nur von Menschen ohne deutschen Pass begangen werden können. Laut BKA gingen von Januar bis Juni 2016 die Fälle, in denen Zuwanderer verdächtigt wurden, sogar um ganze 36 Prozent zurück. Das zeigt: Das Gefühl, die Sicherheit nehme ab und die Situation sei außer Kontrolle geraten, hat wenig mit der Realität zu tun. Vielleicht ein wenig mit der Tat sache, dass heute nahezu jeder Einzelfall publik wird. Sich das begreiflich zu machen, hilft, die Angst abzubauen. Wir müssen sicherlich Bereiche der inneren Sicherheit verbessern. Doch es gibt viele Indizien dafür, dass das bereits gelungen ist und weiter gelingen kann.

Trotzdem herrscht das Gefühl vor, durch die Zuwanderung entstünden Probleme, die wir nicht lösen können. Integration wird plötzlich zu einer Sisyphusarbeit, nur dass niemand mehr der Sisyphus sein will, der den Stein hochrollt. Dabei gibt es unzählige Fälle, die zeigen, wie gut Integration klappen kann. Ein Beispiel, das oft vergessen wird: Nach dem Zusammenbruch des Kommunismus und der Sowjetunion kamen viele Russlanddeutsche hierher nach Deutschland. Sie galten damals vor allem in den Medien als nicht integrierbar. Vor allem die Männer wurden als wandelnde, alkoholabhängige Sicherheitsrisiken geschildert. Der *Spiegel* titelte »Das Kreuz mit den Aussiedlern«, der *Focus* gar: »Die Brutalowelle rollt!« Heute, Jahrzehnte später könnte man darüber fast lachen, wobei eine gehörige Portion Scham vermutlich angebrachter wäre. Russlanddeutsche, abgesehen von einer winzigen Gruppe, die nach wie vor der Sowjetunion nachweint und sich nach Putin sehnt, sind perfekt integriert und stützen unsere Gesellschaft. Sie zeigen, dass Integration gelingen kann, auch wenn es manchmal Zeit dauert. Manchmal aber nicht einmal das, wie zahlreiche Beispiele aus den letzten Jahren beweisen. Doch uns muss klar sein: Integration ist keine Einbahnstraße, sondern ein Aneinander-Gewöhnen – also eine Aufgabe für beide Seiten. Es geht um das tolerante Ja zum Anderssein des Anderen. Dazu sind verschiedene Dinge wichtig. Auf Seiten der Zuwanderer stehen vor allem zwei Aufgaben an: Ausbildung oder Arbeit und die Sprache. Daran führt kein Weg vorbei. Die Sprache ist die Brücke der Verständigung, nur so können wir zusammenleben. Arbeit und Ausbildung sind deshalb essenziell, weil der Mensch nur so seine Würde erlangt und behält. Das kennt jeder: Bin ich einmal zu lang nur faul herumgelegen, fühle ich mich unwohl. Ausspannen und sich erholen muss jeder. Aber wenn wir das Gefühl bekommen, »für nichts gut zu sein«, dann geht es uns auch nicht mehr gut. Der heilige Benedikt hat die Bedeutung der Arbeit und des Engagements für die Gemeinschaft sehr genau erkannt. Er hat seinen Mitbrüdern sogar am Sonntag eine Arbeit gegeben, zumindest wenn sie nicht lesen wollten. Selbst die Kranken sollten eine leichte Arbeit bekommen, damit sie ja nicht müßiggehen. Benedikt sagt ja auch: »Der Müßiggang ist der Feind der Seele.« Und Benedikt gibt genaue Zeiten für die Arbeit an: sechs Stunden Arbeit, drei Stunden Lesung, acht Stunden Schlaf, und so weiter. Ich kenne das von mir selbst: Wenn ich am Morgen aufstehe und meinen Frühsport gemacht und geduscht habe, dann geht es mir gut. Ich muss den inneren Schweinehund überwinden. Aber dann starte ich ganz anders in den Tag. Bleibe ich dagegen liegen, verspüre ich eine Art der inneren Unordentlichkeit. Ordnung ist menschlich. Unordnung ist unmenschlich. Bei den jungen Flüchtlingen zum Beispiel, die hier stundenlang irgendwo herumhängen, die nichts mit sich anzufangen wissen, ist genau das der Fall: Müßiggang ist der Feind der Seele. Sie müssen arbeiten. Und zwar nicht nur, weil sie etwas zurückgeben müssen. Sondern auch, weil es für sie gut ist. Wir Menschen sind von Gott geschaffen, um zu schaffen, um Schöpfer zu sein, um selbst kreativ zu sein. Papst Franziskus sagt nicht ohne Grund: »Beide, das Fest und die Arbeit, gehören zu Gottes Schöpfungsplan. Die Arbeit, so heißt es gewöhnlich, ist notwendig, um die Familie zu erhalten, die Kinder großzuziehen, den eigenen Angehörigen ein Leben in Würde sicherzustellen. Das Schönste, was man über einen ernsthaften, aufrichtigen Menschen sagen kann, ist: ›Er ist ein fleißiger Arbeiter‹, er ist jemand, der wirklich arbeitet, der in der Gemeinschaft nicht auf Kosten anderer lebt. Gebet und Arbeit können und müssen miteinander in Einklang stehen, wie der heilige Benedikt lehrt. Arbeitsmangel schadet auch dem Geist, ebenso wie der Mangel an Gebet auch der praktischen Tätigkeit schadet. Das Arbeiten – ich wiederhole, in zahllosen Formen – ist der menschlichen Person zu eigen. Es bringt ihre Würde, als Abbild Gottes erschaffen zu sein, zum Ausdruck. Daher heißt es, dass die Arbeit heilig ist.« Papst Franziskus erwähnt hier das, was uns der heilige Benedikt lehrt und was für uns Benediktiner so wichtig ist: ora et labora. Und wenn die jungen Flüchtlinge keine Arbeit finden, oder nicht arbeiten dürfen? Dann sollten wir sie zumindest auf den Bolzplatz schicken, damit sie ihre Kräfte austoben können.

Die große Bedeutung, ja die Heiligkeit der Arbeit, die Franziskus betont, steht in engem Zusammenhang mit einer anderen guten Nachricht: Wir in Deutschland haben Arbeit. Zumindest die meisten von uns, besser: immer mehr. Und doch ist die Angst vor dem sozialen Abstieg weit verbreitet. Der Soziologe Heinz Bude sagt: »Die Menschen beginnen, an dem Versprechen zu zweifeln, dass sie im Rechts- und Wohlfahrtsstaat sicher sind. Man lebt vergleichsweise gut in Deutschland, aus der Weltwirtschaftskrise von 2008 ist das Land stärker hervorgegangen, als es zuvor war. Aber der enorme Wettbewerb sorgt dafür, dass kaum jemand sich seiner Position in der Gesellschaft sicher fühlt. Es ist nicht unbedingt die objektive Lage, die die Menschen verängstigt – sondern das Empfinden, im Vergleich zu anderen im Nachteil zu sein.« Objektiv geht es Deutschland und den Deutschen, unserem Land und uns, gut. Die Arbeitslosigkeit sinkt ständig, nur hat man sich schon so daran gewöhnt, dass man verwöhnt ist. Als ob es die schwierigen 2000er-Jahre mit deutlich mehr als vier Millionen Arbeitslosen nie gegeben hätte. Inzwischen liegen wir auf Kurs Richtung zwei Millionen, es könnten bald die Hälfte von Anfang des Jahrtausends sein – erreicht in nicht einmal zwanzig Jahren. Oder ein anderes Beispiel dafür, dass wir es können: 2016 stiegen die Reallöhne um mehr als zwei

Prozent, bei Ungelernten waren es sogar drei Prozent und bei geringfügig Beschäftigten gar vier Prozent. Die soziale Schere, das stimmt, hat sich viel zu weit geöffnet. Einkommen der Spitzenverdiener stehen mit den Bezügen der Minijobber in keinem Verhältnis – und wenn, dann in einem äußerst obszönen. Trotzdem sehen wir, wozu wir in der Lage sind und dass wir als Gesellschaft und Gemeinschaft keine Angst haben müssen, wirtschaftlich Schiffbruch zu erleiden.

Eine andere Angst, die uns umtreibt, ist die Pervertierung der Friedensbotschaft, die die meisten Religionen in sich tragen. Wir fragen uns: Können unterschiedliche Religionen überhaupt miteinander auskommen? Ist Dialog wirklich möglich? Ich stelle mir diese Fragen schon lange nicht mehr. Nicht, weil ich sie nicht verstehen oder nicht für sinnvoll halten würde. Nein, einfach deshalb, weil sie für mich seit Jahren beantwortet sind und immer wieder auf das Neue beantwortet werden. Dialog ist möglich, und Religionen können miteinander auskommen – sehr gut sogar. Zum Beispiel haben wir Benediktiner enge Beziehungen zu Geistlichen in Iran geknüpft, um mit ihnen in Dialog zu treten. Oft haben mir unsere Gesprächspartner, von denen einige sogar echte Freunde geworden sind, gesagt: »Jetzt, da die ganze Welt nicht mehr mit uns redet, seid ihr für uns zum Gespräch da. Das ist unglaublich wertvoll und wichtig für uns.« Den Dialog mit den Buddhisten habe ich schon sehr früh geführt und den mit den Muslimen über die Jahre intensiviert. Dabei gab es immer wieder auch Probleme. Doch insgesamt überwiegen die positiven Erfahrungen bei weitem, und sie haben neue Tiefen des Dialogs erschlossen. Religionen können nicht nur trennen, sie können auch verbinden. Ich glaube sogar, dass wir uns gar nicht damit begnügen sollten, den interreligiösen Dialog als das große Ziel anzusehen. Für mich geht es um mehr: um interreligiöse Freundschaft. Sie ist für mich das, was friedliches Zusammenleben auf der Welt garantieren könnte. Einem Freund sagt man auch einmal etwas Hartes ins Gesicht oder stimmt mit ihm in dieser oder jener Sache nicht überein. Aber man geht ehrlich mit ihm um und mit großer Wertschätzung. Und: Man kann sich auf ihn verlassen.

Zum Dialog gehört wesentlich eines: das Zuhören. Man muss sich zurücknehmen, den anderen sprechen lassen und ihm zugleich stets das Gefühl geben, ihn ernst zu nehmen und auf gleicher Augenhöhe zu sein. Wie entscheidend das ist, habe ich bei meinen vielen Verhandlungen in China erlebt, etwa als es um die Präsenz von Schwestern in einem dort geplanten Krankenhaus ging. Ich habe den Anderen immer ernst genommen, ihn nie von oben herab behandelt. Zugleich durfte ich nicht ängstlich sein und zu allem Ja und Amen sagen. Sonst hätten meine Verhandlungspartner alles bestimmt. Ich habe also einerseits klargemacht, dass wir die Einrichtungen, die wir planen, bezahlen und deshalb auch über deren Personal mitentscheiden wollen. Es ging hin und her, und wir mussten zäh sein. Dabei habe ich in den vielen Treffen und Gesprächen eines gelernt: Man braucht keine Angst haben vor dem Widerspruch und der Reaktion des anderen darauf – wenn man Respekt vor ihm und seinen Argumenten, seinen Standpunkten zeigt. Gerade in China war das essenziell. Unsere Gesprächspartner wollten, dass wir ihre Positionen anerkannten – dass wir sie nicht teilen würden, das war ihnen auch klar.

Ich habe versucht, im Dialog herauszubekommen, wo jener gemeinsame Punkt liegen könnte, der es ermöglichen würde, dass die chinesischen Vertreter einerseits bei ihrer offiziellen

Linie gegenüber religiösen Vertretern bleiben und wir zugleich in China präsent sein konnten. Ich habe gefragt: Seht, es gibt bei euch ja auch die VW-Werke oder die Audi-Werke. Kümmert ihr euch darum, was die deutschen Experten, die da leben, in ihrer Freizeit machen? Ob sie also Fußball spielen oder Tennis oder ob sie ins Kino gehen? Natürlich nicht. Dann wäre es doch auch in Ordnung, wenn die Schwestern in ihrer Freizeit beten würden. Und wenn sie zusammenleben, wo liegt das Problem? Denn das ist euch ja bei unseren Ingenieuren auch egal, oder?

Ich habe mich auf diese Weise langsam vorangetastet. Natürlich war es vor dem Hintergrund meines Demokratie- und vor allem Freiheitsverständnisses sonnenklar, dass selbst eine öffentliche und offizielle Präsenz eines Ordens selbstverständlich sein müsste – »müsste«. Das Beharren darauf hätte nichts genutzt. Ich hätte meinen Gesprächspartnern nur gezeigt, dass ich ihre Standpunkte für falsch halte, und sie damit vor den Kopf gestoßen. Und sie wussten das. Aber es war ein Unterschied, ob ich es offen kommunizierte oder wir eben auf diese Weise aufeinander eingingen und miteinander umgingen. Das Ergebnis fiel dann tatsächlich so aus, dass wir zufrieden sein konnten: Die Schwestern arbeiteten im Krankenhaus und lebten in einem daneben befindlichen Kloster. Die Chinesen nannten es einfach das Haus, in das Männer nicht hineingehen – und so hatten wir den einzigen Ort geschaffen, an dem damals ausländische katholische Ordensschwestern in China arbeiten konnten.

Diese Verhandlungen in China mögen ein Einzelfall sein. Doch für mich sind sie ein wunderbares Beispiel dafür, dass der Dialog gelingen kann, selbst wenn man die Positionen des anderen nicht teilt. Da ballt sich auch schon einmal die Faust in der Tasche, ohne Frage. Und natürlich wünscht man sich mehr, will mehr. Doch nicht nur die Politik, auch der Dialog ganz allgemein ist immer die Kunst des Möglichen, das sollten wir nicht vergessen. Es gibt bestimmte Grundprinzipien, die man nicht preisgeben darf. Doch wer stets das Maximum rausholen will, wird oft nicht einmal das Minimum erreichen.

Zu den Prinzipien, die wir nicht vergessen oder verschweigen dürfen, gehören vor allem die Grundwerte. Dazu gehören in einem gewissen Maße auch die Tugenden, die wir bei uns oft als deutsche Tugenden bezeichnen, wobei wir nicht vergessen sollten, dass sie selbstverständlich auch in den anderen Ländern der Welt vorzufinden sind: Zuverlässigkeit, Fleiß, Disziplin, die zählen nach wie vor. Wir werden dafür von anderen Nationen bewundert und respektiert. Und zwar in einem größeren Maße, als wir es uns selbst gönnen. Uns ist oft nicht mehr bewusst, was wir alles geleistet haben und leisten können. Mich beeindruckt es immer wieder, mit welcher Akribie und Hingabe Mittelständler zu Weltmarktführern werden. Wie aus einer guten Idee etwas Großes erwächst. Mit harter Arbeit und viel Geduld. Wir haben diese Tugenden, und wir brauchen genau diese Tugenden, um mit den Herausforderungen, die vor uns stehen, fertig zu werden. Harte Arbeit und viel Geduld. Und: Flexibilität.

Flexibilität ist ein Schlüssel zum Gelingen unseres Lebens geworden. Früher erlernte man einen Beruf, fing bei einer Firma oder in einer Kanzlei an, arbeitete sich vielleicht hoch, blieb aber im Unternehmen. Meine Schwester zum Beispiel ist mehr als vierzig Jahre im selben Job. Heute läuft das anders. Die moderne Arbeitswelt verlangt ständige Anpassungen und Wechsel. Es gibt sogar den Begriff der »Wechselkompetenz«, die von Personalern als Ausweis gefordert wird, dass sich jemand umstellen kann und eben flexibel ist. Die Flexibilität wird aber nicht nur jedem Einzelnen von uns abverlangt, sondern auch von unseren Organisationen, Institutionen und sogar Nationen. Man spricht vom Veränderungsmanagement, vom change management. Einer der Vordenker dieses Konzepts, der Amerikaner Kurt Lewin, spricht von drei Phasen (Auftauen, Bewegung, Einfrieren) und drei Prinzipien, die dem zugrunde liegen: Handeln, Beobachten und Reflektieren. Das erinnert ein wenig an einen Dreischritt, der uns Christen bestens bekannt ist: Der belgische Kardinal Joseph Cardijns schrieb der von ihm gegründeten Christliche Arbeiterjugend (CAJ) das Sehen – Urteilen – Handeln ins Stammbuch. Dieser Dreischritt kann Beispiel für unsere Gesellschaft sein. Wir müssen hingucken und sehen, was Sache ist, wie, christlich gesprochen, die Zeichen der Zeit sind. Diese Zeichen müssen wir beurteilen, darüber reflektieren und diskutieren. Und dann müssen wir handeln, dürfen nicht im Analysieren steckenbleiben, sondern zum Agieren übergehen. Wir müssen verstehen: Jetzt ist Zeit für einen Wandel.

Dieser Wandel schließt alles mit ein. Zugleich handelt es sich bei ihm aber um keine Revolution, die alles völlig umkrempeln würde. Wir stehen in einer Kontinuität mit unserer Geschichte, mit unseren Traditionen, mit unseren Werten. Und wir dürfen uns auf sie besinnen, auf ihnen aufbauen. Wenn wir dabei flexibel bleiben und beim Rückblicken nicht den Blick nach vorne vergessen. Wir müssen vorausschauend sein. Vorausschauend im Sinne von in die Zukunft blickend. Vorausschauend aber auch im Sinne eines bewussten, vernünftigen, nachhaltigen Handelns.

Zu diesem Wandel, den wir anstreben müssen und der gelingen kann, gehört eines ganz wesentlich: die Freiheit. Freiheit ist nicht nur eine Abwesenheit von Behinderungen und Bevormundung, sondern eine Offenheit für verantwortliches Handeln. Wir müssen uns von der Angst befreien, um frei zu werden für das Leben. Freiheit ist entscheidend für alle Bereiche. Der primitive Protektionismus, wie ihn viele Populisten fordern und wie ihn die Brexit-Befürworter als eines ihrer Hauptanliegen formuliert haben, lässt die Wirtschaft verkümmern. Die Freihandelsabkommen sind große Errungenschaften und wesentliche Voraussetzungen für eine funktionierende Wirtschaft in einer globalisierten Welt, natürlich immer unter der Bedingung, dass die Transparenz gewährleistet ist, anders als das im TTIP-Prozess der Fall war. Freiheit ist fundamental für die Forschung und damit den Fortschritt. Wissenschaftler, die nicht denken, die nichts ausprobieren dürfen, können auch keine neuen Wege finden. Wird Wissenschaft zu sehr eingeschränkt und reguliert, verliert sie ihre Fruchtbarkeit. Kreativität ist wesentlich für den Wandel, den wir brauchen, und benötigt immer Raum und damit Freiheit. Ohne Kreativität verkümmert Leben und stirbt ab. Die Wurzel der Kreativität ist die Neugier. Staunen und Neugier stehen am Ursprung der Philosophie, sagte der griechische Philosoph Platon, die Neugier beflügelt unser Denken und Forschen.

In einem Artikel im Magazin *Brand eins* über die Industrie 4.0 stand zu lesen: »Mehr mechanistische Modelle helfen da nicht, sondern nur Kreativität, ein Wort, das in der deutschen Kultur seit je unter Spaßverdacht stand. Bald lacht darüber keiner mehr. In einer aktuellen Studie des britischen Nesta Instituts haben die Automatisierungsforscher Frey und Osborne festgestellt, dass kreative Wissensberufe ›nur sehr geringe oder keine Automatisierungsrisiken‹ haben. Dass die USA mit ihren digitalen Giganten und Großbritannien mit seiner Softwareentwickler-Szene Deutschland voraus seien, so die Autoren, liege an der höheren Akzeptanz kreativer Arbeit in diesen Ländern.« Und der Schluss: »Lassen wir uns nicht täuschen. Gegen die negativen Nebenwirkungen von Automatisierung hilft nur das, was Menschen ausmacht: kreatives Denken – immer wieder was Neues.« Wir brauchen vor dem Neuen keine Angst haben. Wir können es, wenn wir es mutig und vor allem kreativ angehen und mit Geduld.

Gottvertrauen statt Heidenangst

Die Bibelstelle von Jesus, dem Boot und dem Sturm ist, wie im vorherigen Kapitel geschrieben, in vielerlei Hinsicht interessant. Nicht nur, weil das Boot eben nicht voll ist oder Jesus selbst den Sturm zum Schweigen bringt. Er fragt seine Jünger ja auch: »Was seid ihr so furchtsam? Habt ihr noch keinen Glauben?« Und es heißt weiter: »Da gerieten sie in große Furcht und sagten zueinander: Was ist das für ein Mann, dass selbst der Wind und der See ihm gehorchen?« Jesus fragt die Jünger, weshalb sie Angst haben. Und er gibt die Antwort selbst: Weil sie keinen Glauben haben, noch keinen. Sondern Angst. Man könnte auch sagen: eine Heidenangst.

Die Heidenangst steht bei uns für eine Angst, die besonders groß und schlimm ist. »Ich habe so eine Heidenangst, dass …«, so sagt man. »Heide« wird auch in anderen Zusammenhängen als Verstärkung benutzt, zum Beispiel beim Heidenlärm, Heidenspaß oder Heidengeld. Die Heidenangst kann eine doppelte Bedeutung haben: Erstens die Angst der damaligen Christen vor aus ihrer Sicht »heidnischen« Völkern, wie zum Beispiel vor den Mongolen oder später den Türken. Oder eben die Angst des Heiden, zum Beispiel vor dem Tod oder vor bösen Mächten. Diese Angst, so die christliche Deutung, ist für einen Christen unbegründet, da ihm die Auferstehung winkt. Der heilige Benedikt empfiehlt, jeden Tag an den Tod zu denken. Und zwar, um sich von der Angst vor dem Tod zu befreien und gleichzeitig das Leben in Fülle zu spüren, zu dem eben der Tod immer gehört. Aber nicht als Ende, sondern als Anfang von etwas Neuem. Mein Vater hat das auf seine ganz eigene Weise mit Humor aufgegriffen und gesagt: »Seit das Sterben erfunden wurde, ist man sich seines Lebens nicht mehr sicher.«

Die Jünger hatten sicherlich eine Heidenangst. Nachvollziehbar, dachten sie doch, es sei um sie geschehen. Aber auch in einer anderen Hinsicht hatten sie eine Heidenangst, die aber vergeht und etwas anderem Platz macht. Dieses interessante Detail wird bei der Sturmstelle manchmal übersehen: Als Jesus den Sturm besänftigt, nimmt er den Jüngern zwar ihre Angst vor dem Sinken. Doch zugleich jagt er ihnen Furcht ein, weil sie begreifen, dass er nicht einfach ein Mensch ist. Ein toller Tausch. Statt der Angst eben die Furcht. Was soll daran gut sein? Warum macht Jesus seinen Jüngern nicht direkt Mut oder schenkt ihnen Glauben? Warum schüchtert er sie ein, warum bereitet er ihnen Furcht? Diese Furcht kann auch als Gottesfurcht gedeutet werden, über die es wiederum in der Bibel heißt: »Hört sie der Weise, so mehrt er das Wissen, und der Einsichtige lernt kluge Führung, dass er verstehe Sinnspruch und Gleichnis, Worte der Weisen und ihre Rätsel. Furcht des Herrn ist Anfang der Erkenntnis; nur Toren verachten Weisheit und Zucht.« (Spr 1,5–7) Die Gottesfurcht ist also weniger eine Angst als vielmehr Ehrfurcht, Respekt vor Gott. Der Gottesfürchtige ist in dem Sinne einer, der sich an die Gebote Gottes hält, vor allem das erste, nämlich Gott zu ehren und an ihn zu glauben. In diesem Sinne ist die Gottesfurcht der Anfang der Erkenntnis, der Erkenntnis, dass Gott der Herr und Schöpfer ist.

Die Gottesfurcht ist heute ein bisschen aus der Mode gekommen. Man soll doch keine Angst haben vor Gott, und das

Bild des strafenden Gottes ist ohnehin ein veraltetes Erziehungsmittel, oder? Nein, Angst soll und braucht man tatsächlich nicht zu haben vor Gott. Aber Furcht im Sinne von Ehrfurcht schon. Das weichgespülte Gottesbild, das wir heute oft haben und das uns einen gutmütigen Mann präsentiert, der nichts verlangt und alles gibt, das passt nicht zu der Radikalität der christlichen Botschaft. So heißt es beispielsweise im Katechismus: »Die sieben Gaben des Heiligen Geistes sind: Weisheit, Einsicht, Rat, Stärke, Erkenntnis, Frömmigkeit und Gottesfurcht.« Man könnte es zuspitzen und sagen: Nur wer Furcht vor Gott hat, hat keine Heidenangst mehr. Weil der Gottesfürchtige an Gott glaubt und ihm vertraut. Oder: Statt Heidenangst also Gottvertrauen.

Gottvertrauen ist in meinem Leben eine der wichtigsten, vielleicht sogar die wichtigste Konstante gewesen. Ob ich nun mutig bin oder nicht, das kann ich nicht beurteilen. Aber ich bin ganz sicher ein Mensch mit einem großen Vertrauen. Es gibt ja schon das Urvertrauen, das uns von Geburt an gegeben wird und für das gerade die Mutter am Anfang entscheidend ist. Ich habe mich von Anfang an geborgen und angenommen gefühlt. Dieses Urvertrauen kann jeder entwickeln. Aber der Glaube an Gott ist noch einmal ein anderes Vertrauen. Ich möchte niemanden meinen Glauben aufzwingen. Jeder muss selbst entscheiden, ob er glauben möchte oder nicht. Jedoch bin ich auch so ehrlich und sage: Dieses Vertrauen in und auf meinen Gott, das ist eine Geborgenheit, die ich so nirgendwo anders finde. Und die sich durchhält im Leben, allen Zweifeln und Fragen, die es immer wieder gibt, zum Trotz.

Ich erinnere mich zum Beispiel noch ziemlich genau an den vermutlich schrecklichsten Advent meines Lebens. Ich hatte damals die Gelbsucht und lag über Wochen hinweg im

Krankenhaus. Es wurde immer schlimmer, von Tag zu Tag, und am Heiligabend war ich schließlich völlig am Ende. Ich war zutiefst verzweifelt und dachte: »Das war's jetzt, Notker. Das überlebst du nicht.« Ich hatte fast keine Kraft mehr, doch das Bisschen, das ich noch spürte, nutzte ich für ein Gebet. Ein ganz kurzes und einfaches, ein Gebet um die Barmherzigkeit Jesu. Und plötzlich sah ich mich fallen und fallen. Aber eben nicht ins Bodenlose, sondern ich fühlte mich auf einmal getragen. Die Verzweiflung und die Angst waren mit einem Mal weg. Ich dachte: »Der Herrgott lässt dich nicht im Stich. Das packst du schon.« Und ich habe es gepackt. Wenn ich das nun erzähle, geht es mir dabei gar nicht darum, ob das nun ein Weihnachtswunder war oder nicht. Vermutlich waren es schlichtweg die Medizin und der Schlaf, die mir geholfen haben. Aber sicherlich gaben mir dieses Gefühl, dass nicht alles aus ist, und das Gebet eine innere Kraft zurück, die sich zuvor im Schwinden befand. Ich hatte plötzlich eine gewisse Gelassenheit zurück und klammerte mich nicht mehr so verzweifelt an meine Angst und meine Sorgen.

Gottvertrauen hat für mich viel mit Geborgenheit und Gelassenheit zu tun. Ich bin schon in sehr abenteuerlichen Maschinen geflogen und auf wirklich äußerst interessanten Flugplätzen gelandet. Aber ich hatte und habe keine Angst dabei. Ich mache vor dem Start immer das Kreuzzeichen und bin überzeugt, dass ich, egal was passiert, am Ende in der Hand Gottes lande. Das gibt mir die Gelassenheit, über bestimmte Sachen zu lachen. Auf diese Weise vertreibt man am besten die Angst. Ich saß zum Beispiel vor kurzem im Flugzeug vor dem Notausgang. Die Stewardess kam irgendwann wie vorgeschrieben zu mir und erklärte mir die Handgriffe und was man im Fall des Falles tun müsse. Ich sagte nur: »Ach, kein Problem.

Das habe ich schon öfter gemacht.« Die Stewardess sah mich ganz erschrocken an und sagte: »Aber hoffentlich heute nicht.« Ich begann zu lachen und sie auch, und die Nervosität war weg.

Es gibt da dieses wunderbare Gebet, das hier gut passt: »Gott, gib mir die Gelassenheit, Dinge hinzunehmen, die ich nicht ändern kann, den Mut, Dinge zu ändern, die ich ändern kann, und die Weisheit, das eine vom anderen zu unterscheiden.« In der Version, die dem amerikanischen Theologen Reinhold Niebuhr – und bei uns manchmal fälschlicherweise Friedrich Christoph Oetinger – zugeschrieben wird, heißt es sogar noch genauer: »God, give us grace to accept with serenity the things that cannot be changed.« Niebuhr bittet um die Gnade der Gelassenheit; Gelassenheit als Gnade, die Gott uns verleiht oder die der Glaube an Gott verleiht. Das »Gelassenheitsgebet« ist auch deshalb so passend, weil es eben nicht darum geht, dass Gott alles leisten soll. Der christliche Glaube ist kein Glaube für Faulpelze. Ich fühle mich durch ihn geborgen, glaube aber nicht, dass er mir alles abnimmt. Gottvertrauen hat immer etwas mit Verantwortung zu tun. Verantwortung für mein Leben, denn das nimmt mir Gott nicht ab. Ich muss die Sachen ändern, die ich ändern will und kann. Der christliche Glaube ist eben kein Narkotikum, kein Opium des Volkes. Christlich leben heißt, die Welt zu gestalten, den Wandel einzuleiten, wenn er nötig ist. Gottvertrauen schläfert nicht ein, sondern macht Mut, etwas zu ändern. Wir sind nicht mehr durch die Heidenangst paralysiert, sondern frei, die Dinge anzupacken. Weil wir am Ende auch die nötige Gelassenheit haben, zu sagen: Ich mache, so viel ich kann. Alles andere habe ich nicht in der Hand.

Das kann durchaus unbequem sein. Denn wie gesagt: Der Glaube und das Vertrauen auf Gott fordern heraus. Eine andere See-Szene aus der Bibel zeigt das am schönsten. Sie steht im Matthäusevangelium und beginnt so: »Als Jesus alles das hörte, zog er sich mit einem Boot an einen einsamen Ort zurück, um allein zu sein. Die Volksscharen aber hörten davon und folgten ihm aus den Städten zu Fuß nach. Als er ausstieg und die vielen Menschen sah, wurde er von Mitleid ergriffen und heilte ihre Kranken.« (Mt 14,13–14) Irgendwann am Abend kommen Jesu Jünger und weisen ihn darauf hin, dass es gut wäre, wenn die Menschen in den Dörfern etwas zu essen besorgen würden. Sie selbst hätten nicht genug. Was folgt, ist das berühmte Wunder der Brotvermehrung. Die Stelle geht danach aber noch weiter. Denn Jesus beauftragt seine Jünger, mit dem Boot ans andere Ufer zu fahren. Die Jünger gehorchen und machen sich auf den Weg, während Jesus auf dem Berg betet. Doch wieder geraten die Jünger in einen Sturm, das Boot wird hin- und hergeworfen, und die Jünger kriegen es mit der Angst zu tun. Diesmal aber gar nicht so sehr wegen des Sturmes, sondern: »Um die vierte Nachtwache kam er auf sie zu; er ging auf dem See. Als ihn die Jünger über den See kommen sahen, entsetzten sie sich, weil sie meinten, es sei ein Gespenst, und sie schrien vor Angst auf. Er aber redete sie sogleich an und sagte: Habt Vertrauen, ich bin es. Fürchtet euch nicht!« (Mt 14,25–27) In diesen wenigen Sätzen ist alles enthalten: Jesus fordert seine Jünger auf, Vertrauen zu haben statt Angst. Und Petrus scheint Vertrauen zu haben, immerhin ist er auch der Anführer der Gruppe. Also sagt er: »Herr, wenn du es bist, so befiehl, dass ich auf dem Wasser zu dir komme.« Jesus fordert ihn tatsächlich auf, zu kommen, und Petrus steigt aus dem Boot. Er läuft auf Jesus zu, doch plötzlich: »Als er aber den Wind bemerkte, fürchtete er sich und begann zu sinken. Er schrie: Herr, rette mich! Sogleich streckte Jesus die Hand aus, ergriff ihn und sagte zu ihm: Du Kleingläubiger, warum hast du gezweifelt? Und als sie ins Boot gestiegen waren, legte sich der Wind. Die Jünger im Boot aber fielen vor ihm nieder und sagten: Wahrhaftig, du bist Gottes Sohn.« (Mt 14,30–33) Jesus fordert Petrus auf und heraus, und so fordert uns auch der Glaube an Gott heraus. Wir sollen uns aufmachen und nicht einfach in unserem Boot bleiben und uns dort verbarrikadieren. Gottvertrauen hilft, es hilft sogar, das Boot zu verlassen. Aber das bedeutet eben auch, dass wir etwas wagen müssen, dass wir uns raustrauen müssen, dass wir etwas versuchen, was eigentlich unmöglich scheint. Das Bild des über das Wasser laufenden Petrus ist für mich ein Symbol dafür, dass Gott will, dass wir Grenzen überwinden. Dass wir die Herausforderungen, vor denen wir in der Gesellschaft stehen, anpacken. Dass wir uns nicht einschüchtern lassen von Terrorismus und Anschlägen, sondern im Vertrauen auf Gott und uns selbst dagegen ankämpfen. Selbst wenn es uns manchmal so vorkommen mag, dass der Sturm stärker wird und wir unterzugehen zu drohen. Wir werden nicht untergehen.

Wir werden nicht untergehen. Wir können viel mehr als wir glauben. An uns, und an Gott. Petrus droht erst dann zu versinken, als er den Glauben verliert und vor allem: als er Jesus aus dem Blick verliert. Das können wir auch auf unsere Lage übertragen. In dem Augenblick, in dem wir nur noch auf die Stürme unserer Zeit blicken, aber nicht mehr nach vorne, werden wir den Mut verlieren. Die Bibel ist da ganz realistisch. Sie weiß, dass der Blick auf den Sturm und das Wasser entmutigend sein kann. Und Gottvertrauen heißt eben nicht, dass wir uns überschätzen sollen. Wenn wir nur auf die Bilder von Anschlägen blicken, wenn wir nur auf die Nachrichten von

Kriegen, auf die Meldungen über Krisen aller Art hören, kann die Angst uns lähmen. Stattdessen müssen wir uns wieder neu auf etwas fokussieren. Für den gläubigen Menschen ist dieses Etwas natürlich Gott. Aber nicht allein, sondern auch der Mitmensch oder grundlegende Werte, Ziele und Erfahrungen. Es sind zum Beispiel die Erfahrungen und Errungenschaften, über die ich vorher gesprochen habe. Die Erfahrung, dass wir unser Land aufbauen können, dass wir unsere Kinder gut großziehen können, dass wir Neuankömmlinge integrieren können und das alles schon so oft in der Vergangenheit geschafft haben. Das steht jedem Menschen offen und hat mit Glauben nichts zu tun. Genauso, wie es Werte gibt, grundlegende und grundgelegte Werte, die für alle gelten. Die Menschenrechte zum Beispiel, die auch für die Menschen, die zu uns kommen, verbindlich sind, unabhängig von deren kulturellem Hintergrund und religiöser Ausrichtung.

Die Fokussierung auf das Wesentliche und die Zukunft, das Nach-vorne-Schauen, steht jedem Menschen offen, ganz gleich, ob gläubig oder nicht. Und doch bin ich weiter fest davon überzeugt, dass die zunehmende Säkularisierung ein Grund für den Vertrauensschwund, für das Vertrauensproblem unserer Gesellschaft ist. Die christliche Hoffnung wurde in den letzten Jahrhunderten durch einen Fortschrittsglauben ersetzt, der sich als naiv erwiesen hat – die christliche Hoffnung ist überdies mehr als reiner Optimismus. Der Glaube an den Fortschritt, wissenschaftlich, wirtschaftlich und eben auch zivilisatorisch, wurde durch die Kriege und Krisen als naiv entlarvt. An seine Stelle ist einerseits eine stark spürbare Suche nach Sinn und Spiritualität getreten. Andererseits aber auch ein Defätismus und Pessimismus, der lähmt. Ein Defätismus, der uns zu Petrus macht, welcher seinen Bezugspunkt verloren hat und stattdessen nur noch ängstlich um sich blickt und unterzugehen droht. Für mich persönlich bleiben deshalb der Glaube, die Gelassenheit und mein Gottvertrauen die Basis, die feste Burg, wie es Martin Luther ausgedrückt hat. »Ein feste Burg ist unser Gott, ein gute Wehr und Waffen. Er hilft uns frei aus aller Not, die uns jetzt hat betroffen«, heißt es in dem berühmten, ihm zugeschriebenen Lied von 1529. Und weiter: »Und wenn die Welt voll Teufel wär und wollt uns gar verschlingen, so fürchten wir uns nicht so sehr, es soll uns doch gelingen.« Gott als unsere Burg, die uns sicher hält und auf deren Festigkeit wir vertrauen dürfen. Die aber zugleich, und das macht die Stelle vom übers Wasser laufenden Petrus klar, keine hermetisch abgeriegelte Festung ist, in der wir uns verschanzen sollen. Wir sollen vielmehr, wie es Papst Franziskus sagt, hinaus zu den Menschen. Aber mit dem Wissen, dass wir die Burg Gott als Platz unserer Geborgenheit haben, auf die wir immer vertrauen können.

Der heilige Benedikt hat in seiner Regel konkrete Werkzeuge genannt, mit denen das Leben gelingen kann. Werkzeuge nicht nur für einen Mönch im Kloster, sondern für den Menschen ganz allgemein mitten in seinem Alltag. Im vierten Kapitel seiner Regel spricht Benedikt von diesen »Werkzeugen der geistlichen Kunst« und macht uns klar, dass wir immer auf Gottes Barmherzigkeit vertrauen können. Nicht als billige Entschuldigung dafür, wenn einmal etwas schiefgeht oder wir Mist bauen. Auch nicht als Ausrede, um unserem großen Feind, dem Müßiggang, nachzugeben. Nein, als Ansporn und Grundversicherung zugleich, dass am Ende, selbst wenn ich das Gefühl habe, dass mein Leben schäbig war und ich doch so viel nicht auf die Reihe gekriegt habe, Gott noch einmal einen anderen Blick darauf hat. Und so heißt das letzte

Werkzeug nur knapp: »Und an Gottes Barmherzigkeit niemals verzweifeln. Das sind also die Werkzeuge der geistlichen Kunst.« Mit diesen geistlichen Werkzeugen und mit der Gelassenheit, dem Gottvertrauen und dem Blick auf das Wesentliche vergeht jede Heidenangst. Mehr noch: Mit ihnen kann das Leben sogar einen Heidenspaß machen.

Gott lässt sich nicht lumpen

Es ist jetzt schon mehr als dreißig Jahre her, aber es begleitet mich noch immer. Damals, 1983, war ich für einige Wochen in Asien unterwegs. Meine ersten Erfahrungen mit dem Buddhismus hatte ich schon sehr früh gemacht, und für mich war und ist der Dialog mit anderen Kulturen und anderen Religionen immer etwas ungemein Bereicherndes und Spannendes gewesen. Ich habe in den vielen Jahren, in denen ich Hunderttausende von Kilometer gereist bin, etliche wunderbare Gespräche geführt, ich habe viele Bekanntschaften gemacht, und einige dieser Bekanntschaften haben sich zu echten Freundschaften entwickelt. In diesen Wochen des Jahres 1983 erlebte ich den Austausch mit dem Zen-Buddhismus und seinen Lehren auf eine besonders intensive Art. Ich war zusammen mit benediktinischen Mitbrüdern unterwegs, wir besuchten sieben Tempel, die japanischen Klöster des Rinzai-Zen und Soto-Zen. Aber nicht einfach als Touristen, mit klimatisiertem Wagen, einem bequemen Hotelzimmer und anderen Annehmlichkeiten. Nein, wir hatten uns vorgenommen, das Leben der Mönche hautnah kennenzulernen. Und wenn du etwas kennenlernen willst, dann musst du es teilen. Man muss, um das Leben, die Kultur, die Identität des anderen kennenlernen zu können, einen Geschmack von diesem Leben bekommen. Und zwar ganz buchstäblich: einen Geschmack, einen Geruch, ein Gehör von diesem Leben. Das große christliche Thema der Menschwerdung klingt auch hier an. Inkarnation, das hört sich immer so kompliziert und akademisch an. Aber es ist ganz einfach, es bedeutet, dass Gott Mensch und damit Fleisch wird. Dass er den Geschmack und den Geruch unseres Lebens teilt, dass er hört und sieht und fühlt wie wir. Wir hatten uns also damals vorgenommen, den Zen-Buddhismus wirklich zu erfahren, das Leben der Mönche wirklich zu erleben, im eigentlichen Sinne des Wortes. Wir waren keine Gäste in den Tempeln und Klöstern, die verwöhnt werden wollten. Nein, wir teilten den Alltag der Mönche, putzten die Tempel, halfen bei kleinen und großen Arbeiten, und vor allem: Wir gingen mit den Mönchen betteln.

Wir, mein Mitbruder aus Deutschland und ich und die andern unserer benediktinischen Reisegruppe machten uns mit den buddhistischen Mönchen auf und liefen zu den nähergelegenen Häusern. Laufen ist vielleicht gar nicht das richtige Wort, was wir da trieben, glich eher einer großen Prozession. Und zwar einer mit Gesang: Die Mönche sangen, sie gaben diesen langen, hallenden Ton von sich, und ihr »Hoooooooooooooooo« schien das ganze Dorf zu erfüllen. In dem Augenblick wusste dort jeder: Die Bettelmönche kommen. Unsere Prozession zog sich von Haus zu Haus, von Passant zu Passant. Jeder von uns hielt eine Schale in den Händen, in der wir die Almosen sammelten. Mal waren es Münzen, mal war es Reis. Im japanischen Zen-Buddhismus wird dieser Gang »Takuhatsu« genannt, es gibt ihn aber auch in anderen buddhistischen Richtungen. Wichtig dabei, zumindest in der Theorie: Das Betteln soll nicht aufdringlich sein. Keiner von uns wedelte mit der Schale herum, keiner versuchte, einen besonderen Eindruck zu erwecken, um möglichst viel zu erbetteln. Deshalb würden nicht wenige buddhistische Mönche es auch empört von sich weisen, diese Tätigkeit mit dem

Begriff »Betteln« zu bezeichnen. Denn für sie schwingt etwas Tieferes mit. Sicher, einerseits ist das Betteln der buddhistischen Mönche ganz praktisch auf den Unterhalt der Klöster und Tempel und natürlich auf die Finanzierung des täglichen Lebens ausgerichtet. Der Mensch lebt vielleicht nicht vom Brot allein, aber ein bisschen davon muss schon sein. Zum anderen hat das Betteln aber auch einen tieferen Sinn. Den Sinn, dass die Mönche anderen die Möglichkeit geben, etwas Gutes zu tun. Und so kam es bei unserem Gang damals auch nicht selten vor, dass sich der Almosengeber bedankte, und nicht etwa der »Bettler«. Das zeigt, welche hohe Bedeutung dieser Gang hat. Nach buddhistischer Auffassung gehen der Schenkende und der Beschenkte in diesem Moment eine besondere Verbindung ein – das ist etwas, was mich in unseren heutigen Zeiten zutiefst bewegt, und vielleicht sind die Erinnerungen an damals auch deshalb so präsent.

Warum es mich bewegt? Wir leben in einer Zeit, in der ein Wort wie »Gutmensch« zu etwas negativ Besetztem geworden ist. Astrid Hanisch und Margarete Jäger vom Duisburger Institut für Sprach- und Sozialforschung schrieben 2011 im Journal des Institutes: »Der Begriff ›Gutmensch‹ ist in der politischen Rede mittlerweile zu einem Kampfbegriff geworden, mit dem politische Gegner und Andersdenkende diffamiert und abqualifiziert werden sollen. Allerdings findet diese Diffamierung in der Regel nur von Seiten konservativer bis hin zu extrem rechter Personen statt und richtet sich gegen diejenigen, die sich für ein friedlich-schiedliches Miteinander unterschiedlicher Personengruppen einsetzen.«

Wir kennen das und wissen, welche Gruppen den Begriff besonders gerne benutzen, um andere damit zu diffamieren. Trotzdem, mal ganz ehrlich: Würden Sie sich als Gutmensch bezeichnen lassen wollen? Und würden Sie sich selbst gerne als einen bezeichnen?

Ich jedenfalls würde zögern. Und das ärgert mich. Vielleicht habe ich das Klischee im Kopf, Gutmenschen seien naiv und weltfremd, nervig und ideologisch blind. »Seien« und »Klischee«, wohlgemerkt. Denn das geht natürlich an der Wahrheit vorbei, und es ist überhaupt nichts dabei, ein Gutmensch im Sinne eines guten Menschen zu sein. Und zwar nicht, indem man stets darauf pocht, dass das, was moralisch geboten ist, eben gut ist, und damit seine gute Gesinnung vor sich herträgt. Sondern indem man es macht. Es geht also ums Machen, nicht ums bloße Reden. Wenn einer ständig nur die Moralkeule in der einen Hand hält und die andere mit ausgestrecktem Zeigefinger in die Höhe reckt, dann ist das nicht gut. Solche Gutmenschen braucht keiner. Wenn Gutmensch aber bedeutet, dass die beiden Hände offen sind, um aufzunehmen, um zuzupacken oder auch um zu trösten, dann will ich gern so ein Gutmensch sein. Und dann stelle ich mir durchaus die Frage, wer in dem Moment des Helfens, wer in dieser unserer Zeit denn tatsächlich der Schenkende und wer der Beschenkte ist.

Das ist sehr konkret gemeint und weit entfernt von einer naiven Haltung. Denn mir sind die Konsequenzen des Helfens und Schenkens bewusst. Die Summen, die wir für soziale Zwecke aufbringen – und Flüchtlingshilfe ist nur ein Teil davon –, sind enorm, ob nun staatlich in Form von Steuern organisiert oder privat in Form von Spenden. Hier passiert sehr viel, und was wir als Deutsche auf diesem Feld geleistet haben, was wir tun und hoffentlich auch weiterhin tun werden, das lässt sich sehen, und man kann es auch sehen. Aber Helfen ist immer auch mit persönlichen Opfern verbunden, und manchmal fallen die nicht zu knapp aus. Wenn etwa eine Mutter lange auf ihren erneuten Einstieg ins Berufsleben hingearbeitet und endlich einen Krippenplatz für den kleinen Sohn gefunden hat, von dem das Gelingen ihres lang gehegten Plans erheblich abhängt, und wenn dann dieser Krippenplatz plötzlich dringend für ein Flüchtlingskind gebraucht wird und eine Alternative für den Sohn der Mutter gefunden werden muss, dann ist das nichts, worüber die Mutter sich freut. Und doch ist dieses Opfer auch ein Geschenk. Wie gesagt, ich will nicht falsch verstanden werden: Ich meine nicht, dass die Mutter jetzt jubelnd herumrennen und sich für dieses Geschenk bedanken sollte, das in ihren Augen ja vor allem darin besteht, dass sie jetzt erst einmal alles neu organisieren muss. Aber wir wissen auch: Die Alternative, die her muss, die gibt es auch.

Und die Opfer, die wir bringen, stehen für mich in einem ganz besonderen Zusammenhang: Indem wir herausgefordert werden, indem wir Opfer bringen, bekommen wir die Chance, anderen zu helfen, sie zu beschenken, und damit erhalten wir das großartige Geschenk, etwas Gutes zu tun. Wir bekommen die Gelegenheit, eine Verbindung mit den anderen, denen wir helfen, einzugehen. Eine Verbindung, die manchmal sehr persönlicher Natur ist. Sei es als Deutschlehrer für Flüchtlinge, sei es als Sozialarbeiter im Jugendgefängnis, sei es als Psychiater in einer Anstalt oder als Entwicklungshelfer in Afrika oder Asien. Das geschieht immer dann, wenn eine Berufung mitschwingt, wie wir Mönche sagen würden. Also dann, wenn es nicht um Geld oder Sicherheit oder Prestige geht, sondern darum, dass wir uns berufen fühlen, dass wir uns dazu aufgerufen fühlen, etwas Gutes zu tun. Und gleichzeitig, und das finde ich besonders wichtig, den anderen die Möglichkeit geben, etwas Gutes zu tun. Das Helfen des Gutmenschen besteht eben nicht darin, den anderen mit Fürsorglichkeit oder materiellen Gütern zu ersticken. Der andere muss die Gelegenheit bekommen, etwas zurückzugeben. Das ist dann das wahre Geben: eine Verbindung zwischen dem Gebenden und dem Empfangenden, der wieder etwas zurückgibt – und damit die Verbindung stärkt und dynamisch macht. Konkret: Wird jemandem politisch oder sozial geholfen, dann ist für mich entscheidend, dass er die Möglichkeit erhält, etwas zurückzugeben.

Erinnern Sie sich noch an das Beispiel der kurdischen Familie, die wir damals in St. Ottilien aufgenommen haben? Für mich war es wesentlich, dass die Familie im Kloster- oder Schulbereich mithelfen konnte. Und zwar nicht, um damit eine Art von Bezahlung für unsere ach so großzügige Hilfe zu leisten. Nein, sondern weil nur so eine echte Verbindung entsteht und der andere in seiner Würde wirklich ernst genommen wird. Beim Bettelgang der Mönche wurden wir gerade nicht zu Bittstellern und Almosensammlern degradiert. Sondern die Menschen, die uns etwas gaben, zeigten uns, dass auch wir Gaben hatten. Das mag uns im ersten Moment etwas seltsam vorgekommen sein. Aber der tiefere Sinn ist so aktuell und so wichtig für uns heute wie eh und je. Diesen Gedanken könnte man in jeden Bereich unserer Praxis ausdehnen. Nur ein Beispiel: Ein pensionierter Deutschlehrer, der syrischen Flüchtlingen unsere Sprache beibringt und sich von ihnen gleichzeitig das Arabische erklären lässt, gibt doppelt: seine Sprachkompetenz und die Möglichkeit, dass die anderen etwas zurückgeben.

Natürlich wird nicht jedes Geschenk mit einem Gegengeschenk beantwortet. Merkwürdigerweise sagen wir im Deutschen ja »revanchieren« dafür, wenn wir etwas zurückschenken. Das diesem Ausdruck zugrundeliegende französische Wort »revancher« bedeutet ursprünglich so viel wie »sich rächen«, was wir auch aus der »Revanche« kennen. Das klingt so, als ob wir Deutschen uns ständig für ein Geschenk mit einem anderen Geschenk rächen müssten. Und wir sagen ja auch: Beachtung schenken oder Zeit schenken. Aber oben habe ich bewusst geben und empfangen benutzt, denn ein Geschenk darf ruhig auch mal nur für sich stehen. Eine Gabe kann dagegen gerne zurückgegeben werden. In welchem Sinne und in welcher Form auch immer.

Das alles gehört zu dem, was Gott für mich im Wesentlichen ist: großzügig. Die Großzügigkeit Gottes schließt das Geschenk ein, das er uns macht. Christlich nennen wir das Gnade, und die Gnade kann im engeren Sinne nicht zurückgeschenkt werden. Wir können Gott gegenüber nicht gnädig sein, und wir müssen es auch nicht. Aber ich glaube durchaus, dass wir Gott gegenüber etwas zurückgeben können und dass wir das auch sollen, gemäß den Worten Jesu: »Amen, ich sage euch: Was immer ihr einem dieser meiner geringsten Brüder getan habt, das habt ihr mir getan.« (Mt 25,40). Diese Stelle nennt vorher im Übrigen sehr konkret Dinge, die wir tun können – und wo wir sie tun können: »Denn ich war hungrig und ihr habt mir zu essen gegeben; ich war durstig und ihr habt mir zu trinken gereicht; ich war fremd und ihr habt mich aufgenommen; ich war nackt und ihr habt mich bekleidet; ich war krank und ihr habt mich besucht; ich war im Gefängnis und ihr seid zu mir gekommen. Da werden ihm die Gerechten antworten: Herr, wann sahen wir dich hungrig und haben dir zu essen gegeben oder durstig und haben dir zu trinken gegeben? Wann haben wir dich als Fremden gesehen und aufgenommen oder nackt und dich bekleidet? Wann haben wir dich krank oder im Gefängnis gesehen und sind zu dir gekommen?« (Mt 25,35-39) Wovon hier die Rede ist, das sind konkrete Handlungen, und gerade heute sehen wir in unseren Bahnhöfen und in unseren Fußgängerzonen, in Turnhallen und Pfarrsälen so viele Hungrige, Obdachlose und Fremde wie schon lange nicht mehr.

Die zitierte Stelle wird im Christentum oft für die berühmten sieben »Leiblichen Werke der Barmherzigkeit« herangezogen. Gerade im letzten Jahr, im von Papst Franziskus ausgerufenen »Jahr der Barmherzigkeit«, war viel davon die Rede, wie generell von der Barmherzigkeit. Zum Abschluss des Jahres wurden die Heiligen Pforten, die in dieser Zeit offen standen, geschlossen. Aber Franziskus hat das Entscheidende dazu in seiner Predigt zum Abschluss des Heiligen Jahres gesagt: »Bitten wir um die Gnade, nie die Türen der Versöhnung und der Vergebung zu verschließen, sondern stets über das Böse und die Divergenzen hinauszugehen und so jeden möglichen Weg der Hoffnung zu eröffnen. So wie Gott ungeachtet unserer Verdienste grenzenlos an uns selbst glaubt, sind auch wir gerufen, den anderen Hoffnung zuzusprechen und Chancen zu geben. Denn auch wenn die Heilige Pforte geschlossen wird, steht uns die wahre Pforte der Barmherzigkeit, das Herz Christi, immer weit offen. Aus der geöffneten Seite des Auferstandenen strömen bis zum Ende der Zeiten Barmherzigkeit, Trost und Hoffnung.«

Zu der Barmherzigkeit Gottes, die die Gerechtigkeit übrigens nicht aufhebt und keine billige »Vergessen und vergeben«-Mentalität ist, gehört für mich wesentlich jene Großzügigkeit Gottes. Ich vertraue auch deshalb so sehr auf Gott, weil ich ihn so unendlich großzügig erlebt habe. Oder wie wir daheim sagen: Der Herrgott lässt sich nicht lumpen. Mein Leben ist voll von diesen Momenten und Erfahrungen. Und ich spreche dabei gar nicht von so etwas wie Wundern. Sondern von Momenten, in denen mir geholfen wurde oder in denen ich geholfen habe. In denen ich gespürt habe, was hinter dem Wort »großzügig« steckt. Wir kennen ja auch das Adjektiv »generös«. Es kommt aus dem Französischen (généreux) und geht wiederum auf das lateinische Wort »generosus« zurück. Das bedeutet übersetzt so viel wie »von guter Art« sein. Wer großzügig ist, ist also von guter Art, und er ist in diesem Sinne ein Gutmensch. Und genau diese Großzügigkeit habe ich immer wieder erlebt, und sie hat die Art und Weise, wie ich auf mein Leben und meinen Glauben, auf unsere Welt und Gesellschaft blicke, enorm geprägt.

Ich erinnere mich an meinen Besuch in Nordkorea im Jahr 2009. Ab 1997 war ich nahezu jedes Jahr in Nordkorea. Auslöser war eine Äbteversammlung 1994 in Südkorea gewesen, an der ich als damaliger Erzabt von St. Ottilien teilgenommen hatte. Ich reiste mit einigen Mitbrüdern damals über Peking nach Nordkorea und besuchte Pjöngjang und Wonsan. Ich wollte einfach wissen, was da vor sich ging. Denn Nordkorea, dieses hermetisch abgeriegelte Land, war auch mir völlig fremd. Ich wollte sehen, ob wir ähnlich wie in China an unsere alte benediktinische Präsenz anknüpfen konnten. Es war mir klar, dass das unendlich schwieriger sein würde. Es gab damals in Pjöngjang die einzige offizielle Kirche. Unsere Mitbrüder hatte man 1949 ins Gefängnis gesteckt und später deportiert, die Überlebenden kamen 1954 nach Deutschland, und einige von ihnen haben später mit Mitbrüdern in Südkorea eine Abtei aufgebaut. In diesem Land, das auch für uns Benediktiner im Speziellen eine schmerzhafte Geschichte hat, haben wir in der Sonderwirtschaftszone Rason im äußersten Nordosten ein Krankenhaus gebaut. Das durchzuboxen war, auch innerhalb unserer Kongregation, alles andere als einfach. Sicherlich hätte man mich damals auch einen Gutmenschen schimpfen können. Aber ich und viele andere meiner Mitbrüder waren überzeugt davon, dass wir die Menschen in Nordkorea nicht einfach im Stich lassen konnten. Da ging es nicht um Missionierung im Sinne einer Unterweisung, sondern um Hilfe, um Beistehen, um das Zeichen: Wir haben euch nicht vergessen. Der Bau des Krankenhauses war nicht einfach. Aber bei weitem nicht so kompliziert wie befürchtet. Wir durften selbstverständlich nie offiziell mit dem Regime sprechen, sondern nur mit lokalen Behörden. Aber natürlich wusste man in Pjöngjang sehr genau, was da vor sich ging. Aber man ließ uns gewähren, und 2005 konnten wir das Krankenhaus eröffnen. Offiziell war es in staatlicher Hand, aber: »Katholisch« stand als Bezeichnung sogar im Namen. 2009 war ich dann wieder einmal zu Besuch vor Ort. Der Bürgermeister, mit dem wir in engem Kontakt standen, kam zu mir. Begrüßte mich freundlich, wechselte einige Worte mit mir und fiel mir dann um den Hals. Mit Tränen in den Augen. Und er sagte: »Jetzt, wo uns alle Welt hasst, seid ihr für uns da …« Er musste dann erst einmal eine Pause machen, schluckte und lud uns zum Abendessen ein. Das war so ein Augenblick, in dem ich selbst auf einmal dankbar war, wahrscheinlich mindestens so sehr wie der Bürgermeister. Dafür, dass wir helfen konnten und durften. Das war auch für uns eine Großzügigkeit. Für jeden von uns, der damals dabei war. Aber auch für uns als Gemeinschaft der Benediktiner insgesamt.

Es stimmt also schon: Der Herrgott lässt sich nicht lumpen. Ich habe damals als Bettelmönch trotzdem weniger »eingenommen« als mein Mitbruder, und wir lachen bis heute darüber. So ganz konnten wir uns also das »Wer kriegt mehr«-Spielchen doch nicht verkneifen. Wir mussten das richtige Maß von Geben und Empfangen noch lernen. Wahrscheinlich sind wir immer noch dabei. Aber es geht. Und das können wir auch als Gesellschaft. Vielleicht etwas leichter, wenn wir darauf vertrauen: Lasst uns großzügig mit uns selbst und miteinander sein. Gott ist es mit uns auch.

Fürchtet euch nicht

Ich habe es auf den vorherigen Seiten schon einmal gesagt: Es ist für mich eine meiner wichtigsten Aufgaben, Menschen Angst zu nehmen und ihnen Mut zu machen. Das war es schon früher, und daran hat sich nichts geändert. Das ist es, was ich unter Evangelium verstehe. Das Evangelium ist die frohe Botschaft, ist die froh machende Botschaft. Nichts betont Jesus so oft und so klar wie »Fürchtet euch nicht«. Von Beginn an steht dieser Zuruf, diese Ermutigung, über dem Leben und Wirken Jesu unter uns Menschen. Direkt nach seiner Geburt zeigt sich der Engel den Hirten, die zu Beginn furchtbare Angst haben. Er aber sagt: »Fürchtet euch nicht! Denn ich verkünde euch eine große Freude, die dem ganzen Volk zuteil werden soll. Heute ist euch in der Stadt Davids der Retter geboren, nämlich der Messias, der Herr.« (Lk 2,10–11) Das »Fürchtet euch nicht« ist so etwas wie die Überschrift des Lebens Jesu und steht ganz am Anfang, sogar als er es noch nicht selbst sagen kann.

Das »Fürchtet euch nicht« steht aber nicht nur am Anfang, sondern auch am Ende des Wirkens Jesu. Die Passionsgeschichte führt uns noch einmal vor Augen, dass auch Jesus Angst hat, eben weil er ein Mensch ist. Jesus ist ganz Mensch, selbst in seiner Angst. Zugleich zeigt er uns, wie wir damit umgehen können. Er nimmt seine Angst ernst, er nimmt sie an, lässt sich aber davon nicht lähmen, sondern wendet sich in seiner Angst an Gott. Das Gebet am Ölberg ist eine der intensivsten Stellen der Bibel, auch deshalb, weil dort Jesus in seiner ganzen Menschlichkeit, auch Ängstlichkeit und damit Verletzlichkeit, vor uns steht. Und weil er zugleich das Mut machende Beispiel dafür ist, dass wir in unserer Angst eben nicht alleine sind. Im Johannesevangelium sagt er zu seinen Jüngern, kurz bevor sie zum Ölberg gehen: »Glaubt ihr jetzt? Es kommt die Stunde und sie ist schon da, in der ihr zerstreut werdet, ein jeder in sein Haus, und mich allein lasst. Doch bin ich nicht allein, weil der Vater bei mir ist. Das habe ich zu euch gesagt, damit ihr in mir Frieden habt. In der Welt seid ihr in Bedrängnis. Aber habt Mut! Ich habe die Welt besiegt.« (Joh 16,31–33) Im Ölberg dann die eindringliche Szene, als seine Jünger einschlafen und Jesus allein lassen in seiner Angst. Nicht nur einmal, nein, dreimal schlafen sie ein: »Da sagte er zu ihnen: Meine Seele ist betrübt bis in den Tod. Bleibt hier und wacht mit mir! Dann ging er ein wenig weiter, warf sich auf sein Angesicht nieder und betete: Mein Vater, wenn es möglich ist, so gehe dieser Kelch an mir vorüber. Doch nicht wie ich will, sondern wie du willst. Und er kam zu den Jüngern zurück und fand sie schlafend … Da ließ er sie, ging nochmals weg und betete zum dritten Mal mit den gleichen Worten. Darauf kam er zu den Jüngern und sagte zu ihnen: Schlaft weiter und ruht!« (Mt 26,37–45)

Die Angst begleitet ihn schließlich bis ans Kreuz. Die Angst vor dem Tod, die Sehnsucht nach Leben ist eine, vielleicht sogar die Urangst schlechthin des Menschen. Das ist ein existenzieller Grund für unsere Sehnsucht nach Sicherheit, der Wunsch, uns wieder und wieder abzusichern. Und Jesus zeigt uns, dass dies nicht möglich, aber auch nicht nötig ist. Es gibt den wunderbaren Roman »Jeder stirbt für sich allein« von Hans Fallada. Der Titel spielt an auf eine tiefliegende Angst des Menschen: nicht nur die vor dem Tod, sondern vor allem die vor dem Sterben, dem Sterben in Einsamkeit. Jesus stirbt am Kreuz, aber er stirbt nicht in Einsamkeit. Selbst als ihn viele seiner treuen Jünger verlassen, sind noch Menschen für ihn da. Und einige seiner letzten Worte, in der Tradition an vierter Stelle unter den Sieben letzten Worte, lauten zwar: »Mein Gott, mein Gott, warum hast du mich verlassen?« (Mk 15,34) Doch sie entstammen einem Psalm und zeigen, dass Jesu eben nicht allein, nicht komplett verzweifelt ist, sondern sich noch einmal an Gott wendet.

Nach Jesu Tod schließlich sind seine Getreuen eingeschüchtert und verängstigt, sie schließen sich ein. Die Frauen sind es am Ende, die den Mut haben, nach der scheinbaren totalen Katastrophe zum Grab zu gehen. Und dort heißt es: »Nach dem Sabbat, in der Morgendämmerung des ersten Wochentags, kamen Maria aus Magdala und die andere Maria, um nach dem Grab zu sehen. Da entstand ein gewaltiges Erdbeben; denn ein Engel des Herrn stieg vom Himmel herab, trat hinzu, wälzte den Stein weg und setzte sich darauf. Sein Aussehen war wie ein Blitz und sein Gewand weiß wie Schnee. Aus Furcht vor ihm erbebten die Wächter und waren wie tot. Der Engel aber sagte zu den Frauen: Fürchtet euch nicht! Ich weiß, ihr sucht Jesus, den Gekreuzigten. Er ist nicht hier; denn er ist auferweckt worden, wie er gesagt hat. Kommt und seht die Stelle, wo er gelegen hat. Dann geht schnell zu seinen Jüngern und sagt ihnen: Er ist von den Toten auferweckt worden. Er geht euch voraus nach Galiläa. Dort werdet ihr ihn sehen. Ich habe es euch gesagt. Da eilten sie weg vom Grab, voll Furcht und großer Freude, und liefen zu seinen Jüngern, um ihnen die Botschaft zu verkünden.« (Mt 28,1–8) Damit wird das »Fürchtet euch nicht«, das »Habt keine Angst« zur Klammer der Botschaft Jesu. Es steht am Anfang seiner Geburt, und es steht noch nach seinem Tod und der Auferstehung. Darin steckt zugleich unser Auftrag. Wir sollen raus zu den Menschen, ihnen die Angst nehmen und damit Mut und vor allem Freude machen. Friedrich Nietzsche hat einmal gesagt, er könnte eher an den Erlöser glauben, wenn die Christen doch erlöster aussähen. Recht hat er. Wenn wir das Evangelium als frohmachende Botschaft glaubwürdig vertreten wollen, müssen wir auch froh sein. Froh – dabei klingt noch das »munter« aus dem berühmten Kinderlied mit. Doch dieses froh ist von einer großen Kraft und, auch das, von einem großen Anspruch. Wenn davon gesprochen wird, dass wir heute neu evangelisieren sollen, dann ist das eine wesentliche Komponente: Den Menschen zeigen, dass in einer Welt, die komplizierter geworden ist, in der es viele Schatten gibt, die grausam und schrecklich sein kann, dass es in dieser Welt eine Botschaft gibt, die Mut macht. Und zwar nicht den Mut der Verzweiflung, sondern einen Mut gegen Verzweiflung. Der von der Angst befreit und so frei macht für das Leben.

Ein Wunsch von mir war und ist: Lass uns wieder herzliche, herzhafte Menschen sein! Gerade in diesen Tagen, in der Stunde der Populisten wird deutlich, was das heißt. Mir kommt dabei eine Stelle aus dem Hebräerbrief in den Sinn, die wie eine Mahnung an uns alle, nicht nur an Christen, ist: »Verhärtet euere Herzen nicht wie bei der Verbitterung am Tag der Versuchung in der Wüste.« Die Wüste ist da, in unserem Alltag, und die Versuchung auch. Die Versuchung, sich zu verschließen und nur noch auf sich selbst zu achten. Oder die Versuchung, einfache Antworten zu akzeptieren, weil es bequemer ist. Falschen Hoffnungen nachzujagen, weil sie erreichbarer erscheinen. Das Votum für den Brexit war so ein

Fall: Die Menschen hatten es satt, sich mit der kompliziert gewordenen Welt der Globalisierung auseinanderzusetzen. »Take Back Control«, das klang so herrlich simpel und so verheißungsvoll. Die Hoffnung darauf, wieder die Kontrolle in einer Welt zu erlangen, die gefühlt – und manchmal auch tatsächlich – aus den Fugen geraten ist und in der die Angst daher kommt, dass wir uns ohnmächtig, ausgeliefert, eben ohne Kontrolle fühlen, war stärker als alle anderen Argumente. Am Ende war die Versuchung für viele zu groß und vielleicht auch der Mut zu schwach, ihr zu widerstehen. Diese Versuchung existiert überall und steckt eigentlich hinter dem Slogan: »Deutschland schafft sich ab.« Wir müssen deshalb den Mut haben zu sagen: Nein, Deutschland schafft sich nicht ab. Aus guten Gründen, Gründe über die ich in diesem Buch gesprochen habe. Aber eben auch nur dann, wenn wir den Mut haben, die scheinbar einfachen Antworten nicht einfach für bare Münzen zu nehmen, und wenn wir es schaffen, der Versuchung der Populisten zu widerstehen.

Noch einmal die Stelle von Jesus und den schlafenden Jüngern im Ölberg. Sie ist mehr als nur eine Geschichte für Christen. Diese Stelle ist eine Aufforderung an uns alle. Wir dürfen nicht die schlafenden Jünger sein. Wir dürfen unsere Mitmenschen, wenn sie von Angst und Traurigkeit ergriffen sind, nicht allein lassen. Jetzt ist die Zeit aufzuwachen. Und vor allem: Es ist die Zeit aufzuwecken. Es ist jetzt wirklich Zeit, zu sagen, zu rufen: Schluss mit der Angst!